善知 32 識

Ruling Your World
Ancient Strategies For Modern Life

統御你的世界

適合現代生活的修心六法

《心的導引》作者

薩姜‧米龐仁波切

(Sakyong Mipham Rinpoche)

蔡雅琴 譯

獻給我的父親

第一世薩姜；

和我的上師們，

頂果欽哲法王，以及

竹旺貝瑪諾布法王，

加持授權薩姜之傳承

薩姜‧米龐仁波切
攝影者：Diana Church

目次

譯者序

閱讀本書的時候，細心的讀者定能發現到，薩姜・米龐仁波切與其父親邱陽・創巴仁波切（Chögyam Trungpa Rinpoche），言語文字風格之迥異。邱陽・創巴仁波切是把佛教帶入歐美的先驅者之一。他以抽象簡練的心理意象，向西方大眾鋪陳佛法的義理綱要，其言簡意賅，觸機深奧，如同蒼天；薩姜・米龐仁波切則闡揚細微，諄諄善誘，其呵護體諒眾生之心懷，有如把蒼天帶入大地。源自邱陽・創巴仁波切心意伏藏（mind terma）的香巴拉佛教（Shambhala Buddhism），在父子前後的創建、開展之下，四十年來，已廣傳歐美各國，成立了近兩百座大小禪修、閉關中心。其所強調修行的屬世性與精神性不可分離之原則，與「佛法不離世法」之古來明訓，實無二致。

薩姜・米龐仁波切身負「薩姜」（Sakyong）──大地護佑者的頭銜，正如他所說的，此意爲「一位以平衡蒼天和大地之原則來治理的統御者」。在本書中，他鉅細靡遺地揭露了香巴拉佛教智慧傳統中，生命能量──風馬，的致勝之道；統治世界所需的虎、獅、金翅鳥、龍的四種象徵途徑──即知足、歡喜、平等心，與智慧；了知無我──本初善的光芒；以及仁慈眞實、方便善巧的統御方式等。在唯心所造的世間幻妄羅網中，掌握我們的心，便能與種種吉祥幸運的因緣際

會，和諧同調。因而光耀的信心與覺醒的德行兼備，清淨莊嚴的「真威相」，和無所執著的入世、出世之圓滿成就，自然而然地配合顯現。

在這樣一個痛苦與混亂充斥的黑暗時代，有幸聽聞如此簡明易修的實用教法，確為暮鼓晨鐘、難能可貴之綸音，也正是我們所需要的清明。筆者經　上師米龐仁波切賦予重任翻譯此書，誠惶誠恐，力求無誤。但願眾生皆成智慧與慈悲兼具、無所畏懼的菩薩勇士，為創造一個人間的香巴拉淨土，齊心奮力。

三寶弟子

蔡雅琴

二〇〇六，火狗年春，紐約

作者序

把蒼天帶入大地，帶入我們的日常生活，
是我們統御世界之道。

最近，我拜訪了我的朋友亞當和愛麗，他們有個兩歲大的小孩查文。我問他們為人父母的滋味如何，他們回說，使他們最印象深刻的是，查文似乎自然地就知道事情。 他們說，「我們並沒有教導他——沒有人教他。一定是來自某處。」身為人類，我們極具智慧。我們的心是寬廣深奧的。在統御者的教法中，這與生本俱的智慧即是「本初善」❶。它是我們天成的、清晰的、不帶雜亂的存在狀態。我們皆具備蒼天——極大的開放和光輝。 把蒼天帶入大地，帶入我們的日常生活，是我們統御世界之道。

達瓦‧桑波（Dawa Sangpo）①是遠古時代在喜瑪拉雅山脈，香巴拉王國的第一位國王，曾經向佛陀懇切祈請修行之道。他說：「我是一個國王。我擁有一座宮殿、家眷、大臣、屬民，軍隊和寶庫。我希望能證悟成覺，但是我卻不能離棄我的種種責任，到寺院裡出家修行。請教導我如何能利用塵俗生活，來體現覺悟的方法。」

佛陀向達瓦‧桑波國王擔保，為了證得覺悟，他並不需要苦

行或出家。事實上，他可以在追求精神性修行的同時，也完
滿他眾多的俗世責任。他可以成為一位「薩姜」（sakyong）❷
——一位以平衡蒼天和大地之原則來治理的統御者。蒼天意
指智慧，大地指的是基本現實經驗。當我們混合智慧到我們
的世間生命活動中，我們獲得成功——精神性與屬世性兩方
面的成就。佛陀開示國王：「不要持有偏見。看看你的國土
和你的子民吧。如果你能夠對所有萬物之心髓的、不可摧毀
的本初善發展出堅確的信念，然後你將能治理你的世界。但
是要成為一位薩姜是一條非常具有挑戰性的道路，因為俗世
的生活裡充滿許多必須裁取判斷的決定，以及無盡的困惑干
擾。」將這些教示銘記在心後，達瓦・桑波國王成就了對本
初善的確定見地。這願景轉化了他的整個王國，因為它把啟
示和意義帶進人們的生命之中。

我的父親，智慧持明主邱陽・創巴仁波切（Vidyadhara
Chögyam Trungpa Rinpoche）②——他生為僧侶，以薩姜之尊
而圓寂——在一九五九年帶領三百人逃離西藏，當時，中國
共軍正緊緊追著他們不放。他們翻山越嶺，時時經過深重的
積雪和刺骨的嚴寒。他們用盡所有的食糧，只好烹煮犛牛皮
袋來裹腹充飢。這群人中，有些人不支而死；有些人被中共
擒俘。他們喪失許多他們所擁有的物品，其中還包括創巴仁
波切先前寫下的約有一千頁左右、關於香巴拉法教的手稿，
這些手稿在他們渡河時被洪流所吞噬。根據我母親的描述，
雖然備極艱辛，他們卻總是愉快昂揚。最後他們越過邊界抵
達印度。其後，經歷忍受更多的艱難困苦，創巴仁波切終於

到達西方歐美世界，開始傳授這些教法。

在培育教養我的過程裡，我的父親應用了佛陀對達瓦・桑波國王的傳統指導原則，一脈相傳自香巴拉傳承中菩薩勇士和覺悟君主的法教。這是一個無畏無懼的傳承：我們對自身統合蒼天與大地的力量，無所畏懼。某些教法適用於某些時代；香巴拉法教在此一特殊的時刻出現於西方，是爲了平息那些阻撓我們能夠去愛和關懷彼此的憤怒與敵意。憤怒敵意製造恐懼。恐懼產生怯懦；我們甚至對自己的想法、念頭懷有恐懼，因此被它們所操控。香巴拉法教告訴我們如何建立起平和及信心。在我們發掘本初善，並展現智慧和慈悲到日常生活的潛能中，我們都擁有成爲一位薩姜所需的條件——所謂「薩姜」，藏文意爲「大地怙主」、「大地護佑者」。我們所保護的，即是我們本性清明睿智的大地。

如果統治我們的世界，從發展對一己之明智本性的確定信心開始，如何能去發現它呢？香巴拉法教指導我們應該「把我們充滿畏懼的心，放進關愛、慈悲的搖籃裡。」禪坐修行的蒲團，是我們所能創造的最具慈愛的環境。我的父親從我孩童時期即教我打坐。起先，只是在一天當中花一些時間反觀回想我的種種感受。然後我學會經由觀出入息使心平穩安定。當我達到這一法門的謹嚴精確度，他要我開始思惟無常、苦、業力、無我，以及慈悲。在我十二歲左右，他要我每天修一小時的禪坐和思惟修。後來他延長我的日課至兩小時。有時我打坐多日，漸漸地我打坐數週，甚至幾個月。既然禪修是我未來志業的主要依靠，我於是有這樣充裕的時間

以此方式來修習。

當我還是個青少年時，有天我向父親陳訴要獨自到野外露營的心意。他考慮了好些天，然後同意這是一個合適的時機。身為父母，他以我要單獨探險世界為傲，但是他也擔憂我的安危。為了確定我可以肩負沈重的背包，在將我裝備完善之後，他要我跑上跑下樓梯好幾次。讓他安心之後，我於是熱忱洋溢地上路了。

我徒步旅行了約有一個禮拜，極少接觸任何人跡，而且遭遇到各式各樣的惡劣天候──狂風、暴雨、冰雹。但我覺得出乎意料地欣喜。在一個總有許多人圍繞的環境底下成長，我總是時時被教導著、餵養著、服侍著。孤單的感受讓我更能欣賞感激他人為我所做的一切，然而我開始發現我自己的力量，這是即將成為一位統御者的、香巴拉勇士的力量。大自然是最佳的導師，大自然從不憐憫恩慈。如果我想吃東西，我必須自己煮食；想要休歇安眠，我必須事先籌謀以找到合適的紮營地點。

當我回到家，每個人都鬆了一口氣，並且為我感到興奮和驕傲。雖然只是一個短暫的旅程，我卻有了極大的成長。經過那些激烈的氣候和其他諸多的挑戰，我於是被迫面對我自己的心。我發現我的自信，這也給予了我對一己之本初善的信心。

我父親同時按照傳統教養未來統御者的規準，訓練我寫作詩歌及練習書法。有一天，倚靠在我們位於科羅拉多州家屋外

的圍籬上，遠望著牧草地和松樹林時，一隻蜂鳥出現了。牠向著好幾個方向鼓動翅翼，然後疾飛而去。我的父親轉過頭來，向我說：「今天，我將教導你如何寫詩。」至今我仍然繼續從事和欣賞這門藝術，對書法亦然。這類深刻的藝術啟發我們去表達那無法表達的——愛、無常，以及美麗。沈潛入我們內在的深邃，把禪修的精準無誤帶入物質的形式之中，我們於是能發掘生命的深奧。

此外，父親還要我練習武術——它是動中禪的身體紀律，能使我們不被自己的心所限制隔離。鍛鍊各種運動和武術賦予我們自然而然的信心，也發展出對友伴深切的連結和賞識。呼吸新鮮的空氣，學會心與身的協調一致，有助於我們產生一種健康的自我感，由此更能增進我們的自信心，也可以進一步地把自己的體會與他人分享。我學習了日本的射箭藝術——弓道。起初，我們甚至不被允許去持弓和箭；在頭一年的訓練中，我們只准射向六英呎距離的箭靶。這原理是，若我們能發展正確的姿勢，射中箭靶不會是問題。最後，我們能射向七十五英呎外的目標。

教導培養一位統御者，與通常的教育途徑是有所不同的。一般因襲的教育觀點認為心是一個空洞的盒子，等待著被填灌充滿。 我的父親曾對我的一個親教師提示過，教養未來的薩姜或薩姜王母（sakyong wangmo）③——大地怙主之君王或皇后——有如教養天空。天空能覺知、理解、涵容萬事萬物；沒有界限——只有無盡的可能性。教育我們自己成為薩姜，因此並不是一件辛勞苦力的工作。這過程充滿了欣賞、好

奇、和愉悅。我們在培養對本初善的確信，和我們高尚的品質。當我們與本初善相連結時，它能啓發我們的每一呼吸，每一行動， 每一思想。以此產生的光輝和信心，便能成就所有心之所願。這也就是我們如何統御世界之道。

❶本初善：一切萬物非造作、無條件的純淨與信心。
❷薩姜「大地護佑者」：香巴拉國王的頭銜。香巴拉皇后則稱為薩姜王母，意為「大地護佑之威力女性」。作為利格登王之代表，香巴拉的國王與皇后是仁慈的統御者，他們連結蒼天和大地，致使一個覺醒世界的誕生。

①達瓦‧桑波：梵文 Suchandra，藏文 Dawa Sangpo，意為 excellent moon, good moon。或譯月賢王。
②邱陽‧創巴仁波切（1939-1987）：禪修大師、學者和藝術家，是七○年代將佛法帶入西方的先驅者之一。他傳授金剛乘佛法於西方弟子；在科羅拉多州博德市設立那洛巴大學——一所受佛教啓發而興建的大學；並創設結合禪修與世間修行之道的香巴拉訓練課程，以及香巴拉中心——迄今約有近兩百座遍佈世界的修行、閉關中心。 他也著作了數十本關於佛法、禪修、藝術、詩歌和香巴拉勇士之道等書籍，包括《突破修道上的唯物》、《自由的迷思》、《動中修行》、《東方大日》和《覺悟勇士》。
③薩姜王母：意指女性的大地護佑者。請參閱原註❷

第 一 部

統御者的祕密

第一章

那我呢？「我」能得到什麼好處？

> 我們已經擁有所需的一切——
> 每天以我們心意的針線，來編織幸福快樂的綴錦機會。

當我還是個孩子，聽到王子與窮漢的故事，讓我留下了深刻的印象。這個故事在西藏的版本中，王子與窮漢是同一個人。由於一連串的不幸事故，王子在貧困的環境裡長大，因而成為一名窮漢；只有在後來才發現到，他本是皇室的王子，而且他將是未來統治他國度的國王。他向來就是一位王子，從來不是一個窮漢；唯一改變的只是他的觀點不同了。我們也有類似的情境。我們其實都是皇族出身。

存在的光芒——本初善

在香巴拉的傳說之中，有一家族傳承稱為利格登王（Rigdens）❶——香巴拉的覺悟君王，他們從未迷失「本初善」；本初善，是一種純然的光耀，從未被無明、瞋恨、嫉妒，和驕傲所染污。利格登王並不是天界的神祇；他們代表的是我們內在具有的、根本的統治者之質。在西藏有關香巴拉王國的唐卡繪畫裡，展示利格登王征服了黑暗時代的負面力量。他們

常常被描繪爲安坐在鑽石的寶座上，代表他們堅定不動搖地持有著對本初善的覺知，也就是對我們的原始本性，又稱爲「東方大日」①的正覺覺知。

香巴拉利格登王展現威猛相，但他的甲冑呈現金色，這是一種慈悲的表徵。他的劍表達能照見本初善的銳利智慧。他頭盔上的旗幟飄揚，象徵生起風馬（windhorse）❷的勇氣──把長壽、健康、成功和福樂的風馬能量，帶給眾生。傳說中，在利格登王勝利凱歌之後，覺悟的時代於是來臨。東方大日將從地平線上冉冉昇起。

不論這故事是眞實的或是隱喻性的，它的意義皆同：我們都有成爲覺悟君主的可能性。佛陀是以人身開發這覺醒潛能的一個例證。以端坐之姿，調伏他的心，他揭露了根本之實相；開發諸法門，幫助其他人也能去發現他們統御的力量。既然我是個佛教徒，佛陀是我的典範，但是非常明顯地，本初善並不限定於任何一個傳統；它是一切人、一切事物的本質。

我們都屬於香巴拉利格登王的家族。本初善，我們之存在的閃爍光芒，其清澈明淨如同高山湖泊。但是我們並不確定自身所具有的美善，從一早醒來我們就失落了它的蹤影，因爲我們的心是不安定的、迷惑的。種種的想法和念頭牽著我們東奔西走，像是印度市場上的母牛被鼻環所牽制。這就是爲什麼我們會對自己生命失控的原因。我們不明白幸福快樂的泉源就在這裡，在我們的心。有時我們或體驗到些許快樂，

但卻不明白是怎麼得到它的、如何能再獲得它，當它來時會駐留多久。我們以一種憂慮切望的、意外偶然的心態來過活，總是在尋求幸福安樂的降臨。

若我們困惑於安樂的來源，便開始為一己的不滿足而責怪世界，希望藉此使自己快樂起來。其後，這樣的舉止，為生活帶來更多的迷惘和混亂。當我們的心忙碌而散漫，雜念紛飛的時候，我們正從事不良的行為習氣；攪動著嫉妒、忿怒，以及驕傲的污泥。於是心便無可選擇地熟悉於負面情緒的語言，而且越陷越深。

「我能得到什麼好處？」的自我魔咒

當貪欲和怒氣佔據我們的心，說：「你跟我走！」我們就變成了窮漢。窮漢每天早上帶著一個念頭醒來：「那我呢？我能得到什麼好處？今天我能獲得我想要的事物嗎？」這樣的思潮在一整天裡反響共鳴，就如同心跳一般。我們總想著：「這份食物能使我滿意嗎？」「這部電影能使我開心嗎？」「這個人能給我幸福嗎？」「這件新毛衣能使我快樂嗎？」「我能得到什麼好處？」成為我們所有舉動的動機和力量。

有時我接見禪修的學生，從他們的問題裡，顯示出他們亦把精神性的修持當作是一種追求快樂的途徑。我的瑜珈術、太極拳、我的禪修打坐能使「我」覺得更好些嗎？其實，他們只是簡單地用新瓶裝舊酒，以新的裝扮使舊的、以自我為主的習氣永存不朽。

這自我迷戀的途徑，就像是使用不純淨的燃料。當我們的動機僅僅是使「我」快樂，我們生命的引擎便以一種狂暴的方式在發動。自我偏執讓我們飽受壓力，甚至病倒。「我能得到什麼好處？」的磁力把我們風馬的能量抽盡——風馬本是帶來成功的能力——之後，我們的心變得非常狹小。我們失去了與大地的聯繫接觸——這裡，大地指的是賦予我們生命意義的潛能——於是，由於這顆狹小的心，沒有餘地讓真正的幸福快樂自然產生。

在西藏，想要獲取安樂，卻不了解安樂的成因，叫「漏透」（lotok），即「倒退」或「逆反」。就像是從望遠鏡相反的一端望出去——快樂並沒有變得更明顯、更接近，反而變得更小、更遙遠。使「我」的心變得狹小的，是困惑擾動的情緒，梵文為 klesha「克雷沙」❸，即煩惱染污——忿怒、貪欲、無明和驕傲。這些昏晦不明的煩惱，障蔽了我們照見本初善的視野。對我們而言，它們顯得非常熟悉而友善。大多數人把它們當作進行日常生活的工具。我們還以為這是我們僅有的工具——以為強逼猛推和執著攀緣是獲致成功的祕訣。這些迷惑並不總是以勃然大怒的型態顯現。它們通常以各種乘隙而入的妄想呈顯——在我們心中，左思右想同樣的事，或是念頭不斷地跳躍，但總是繞著「我能得到什麼好處？」來打轉。

煩惱迷惑，輪迴流轉

想使一切事物都爲「我」而作用的愚行，即是輪迴❹。這個字眼來自梵文，描述一個流轉無盡的黑暗時期，在其中，我們完全地被嘗試使「我」快樂的困擾感所迷惑。我們的心意，不斷地在苦惱與慾望，嫉妒和驕傲間迸射齊發。我們對自身是誰的定位感到不快活，而且不斷地試著要消減我們的苦痛，這反映出基本的不滿足。當我們放縱於這樣的負面情緒，心便因此污染而變成厚重。污染顯現爲壓力——缺乏平和寧靜。不知未來什麼事會發生在「我」身上的恐懼，更爲它加油添料。由於想要得到我們所要的，以及避免所不要的這種野心，我們的心變得匆促急躁；我們的所作所爲既傷害別人，又傷害自己。日日夜夜，迷惘統治著我們。我們不停地幻想以一段新的戀情，一份新的工作，一個姣好苗條的身材，或是度一個假期，將會帶來快樂。若得到心之所求，我們覺得好極了，然後就執著不放。當情況改變，我們就生氣懊惱。或者，倘若見到他人有較美好的戀情，較佳的工作，更棒的身材，我們就妒羨不已。

當我們被世界的外相所愚弄，我們所見的便無法超過表面。我們不斷變動的心使我們深陷在苦中，吹毛求疵於種種的細微末節之上。我們失去更爲深入的渴望，開始認爲最枝節的、最無關緊要的事才重要。我們寧可聽取一個從未謀面的名人的花邊消息，也不願去思考實相的本質；我們更想聆聽

一首收音機上的新歌，而不去聽聞如何把意義帶入生命中的教導。如果有人要給我們一點忠言勸告，我們便拔腿狂奔而逃。放慢腳步，以禪修的紀律和生命發生關聯，對我們而言就像是沒有價值的奢侈品一樣。

以這般目光短淺的狹小心量，我們鮮少有啓發、去經久改進自己的情況，因我們不信任肉眼無法見到的事物——如智慧與慈悲。我們與本初善不變動的根基無所聯繫，老想要有更多選擇的機會。我們以爲，讓自己的心隨時更動的自由，可以帶來快樂。事實上，一顆總是變幻莫測的心，只會帶來痛苦。

在只盤算著「我」的計畫底下，任何他人對我們的評價具有強大的威力。一個朋友告訴我們說：「你今天看來挺好的。」我們的心便高昂飛揚。若一位同事埋怨我們工作不力，我們的心就往下沈落。我們就如同孩子一樣，前一分鐘還在嬉笑，下一分鐘就哭了起來。實際而言，讚譽和批評猶如回聲——它們沒有實質，無法長久延續。但是當我們追逐自己的反射投影、像狗緊追著丟出去的短樹枝，言語就會有讓我們的心動盪不穩的力量。我們反覆咀嚼某人對我們說的什麼話語，想來想去，以至於整天的興致都被摧毀殆盡。

當被「我」的觀點給哄騙住時，我們對所謂「財富」的態度將是，它就在那裡——而我要得到它。這就像是猴子喜歡攫取閃亮的物件。我們積聚了太多的物品，甚至沒有時間、空間去欣賞享用它們。我們的渴欲製造了終身飢餓的習性，以

及漫不經心的舉措。當看著他人的時候，我們所有的態度是
怎麼樣可以從他們身上得到什麼，而不是想給予。我們願意
去幫助那些即將變得有財有勢的人——那些步步高昇的人。
但是當某人滑落谷底，我們便抽身而去。常常，我們想也不
想地就和親人、同儕爭吵搶奪；我們深信唯一增進自己境況
的方法，是不斷試著多佔一點便宜、多得一些好處。 我們是
如此的困惑迷惘，因為不知道我們已經擁有所需的一切——
每天以我們心意的針線，來編織幸福快樂的綴錦機會。

有時，我們認為權力可以帶來快樂。由於不能統治自己的
心，所以我們把怒氣、敵意的重軛，強加在別人身上。尚談
不到利益眾生，我們甚至聽不得別人有好消息。「嫉妒」一
詞在藏文中意為「擁擠的肩膀」。我們的肩膀上只能容納一個
頭顱；我們僅能讓一個人得到好處，那人便是自己。如果火
車誤點了、或是電力突然中斷，我們以一種奇異的刺激興奮
感趁此大發一頓脾氣。因為只全神貫注於「我」，我們忘記其
他人也在遭受同樣的痛苦。

德行的重要

這種淺薄、表面化的途徑甚至延伸到我們的道德感上。我們
也許在公眾場合對人親切仁慈，在他們背後卻極盡嘲諷挖苦
之能事。我們想到會有所回報，於是顯示慷慨大方。對我們
所企求的，我們有耐心；反之，對生活中我們所不樂欲的，
如疾病等，我們便失掉耐性。上班的時候我們頗為努力，但

在獨自一人之時，我們以為可以為所欲為——反正沒有人在觀看。

事實上，我們是最應該關心自己行為舉止的人，因為我們深受其影響。有一次美國高爾夫名將鮑比‧瓊斯（Bobby Jones）在一場巡迴大賽中打球，無意間在球道外的長草區挪動了他的球數英吋。為此他讓自己罰桿。當某人告訴他沒有其他人親眼目擊他的小白球移動了，他說：「我看到了。那就夠了。」我第一次閉關修行前，曾請我的父親邱陽‧創巴仁波切給我開示指導，仁波切說：「你在獨處時的行止，將對你其餘的生命有莫大的影響。」即使獨居於荒僻之處，統治者仍然與美德相連結。

德行是實際的，不僅僅是道德感的。它包含了培養思想、言語和行為，可以使我們遠離只為「我」而存活的計畫。當我們改變一己的習氣——我們習以為常的、做什麼、不做什麼的行為——我們便開始從外朝內轉變。在同時，內在的品質於是顯露出來；我們的心有了更大的空間，我們的見地變得更寬廣。我們開始看到自己與生俱有的富足，以及隱藏在各種壓力、焦慮烏雲下的明亮光輝。心的本性是純淨無染的，如同天空一樣。像是無垠的空間，它有適應、調解的質地；像是水體，它是清澈的、沒有阻隔或評價。此即本初善，我們不可摧毀的存在本質。

窮漢的心之所以狹小，因其根植於執著之上——對生命的死抓緊持。固著於我們對世界的期待，而且嘗試著使它維持不

變，是違反自然的。這樣的緊張和其所製造出的幽閉恐懼感，便是自我。我們的負面情緒讓自己去執著某事物。我們以為說，如果抓得夠緊，就可以操縱世界，使「我」安樂。有知以來，我們已經生氣、貪欲過幾千幾百次了。怒氣是否曾帶給我們真實的快樂？或者，貪欲或曾帶來長久的滿足？

自我如同海市蜃樓的幻影

到底，我們以勃然大怒來保護的是誰呢？我們以妒忌和慾望來貪求的，是為了誰呢？ 不能使「我」快樂的原因，因為實際上，並沒有人在「我」的那扇門之後。「我」只是一個觀點，一個概念，一種迷思。根本上，它是對一個海市蜃樓的幻影執著。我們攀緣於虛幻的製造物，產生各式各樣的負面情緒，企圖保護這個幻象。

身為統御者的大地君王和皇后則知曉：快樂不從他處尋得，而是由內裡產生。離開「我」的伎倆才是快樂的成因，了解「我」的運作便是其第一步驟。從禪修開始——每天打坐十分鐘左右。經由安定此心，我們連接到超越「我」的空間——蒼天。 蒼天是在我們用「自我保護」把心變小之前的天然開闊感。一旦我們的心變得較為平和寧靜，就能開始照見所謂「我」的堅實牢固，只是由諸多念頭、感受、情緒所造成的。

在禪修中，我們學習去了知、認識我們的念頭，而不因它們而採取行動。我們不再輕易地被外相所愚弄。因為看到了一切不過是自己的投影，我們的心變成柔軟有彈性。我們逐漸

明白生命的流動情境：它不過是心的展現。再也不會像一隻狗般，跟著丟擲出去的短樹枝跑，來追逐每一外界的表象，我們如今好比是一頭獅子，觀察是誰在丟這根棒子——其實，是我們的心。

然後我們用聽聞、思惟和修行，觀心與世界是如何在運作的，這是開發對本初善之確信的途徑。我們領會到，成天，我們都在聞、思、修，然而聞思修的對象卻是在紊亂恐慌的思想和情緒上。打個比方說，當聽到我們的朋友、一對伴侶分手了，我們便開始思惟誰對誰做了什麼，然後發展我們的確定信心是誰應該遭受譴責。又如，聽到某個人賺了一大筆錢，我們於是在嫉妒上頭發展確信。我們的聞思修是不規則的、偶然的，所得的結論常常使我們走向負面性的態度。

慈悲——「高尚的心」

這種短視的心態窒息了我們原本具有的能量。那自然本生的能量即是慈悲——藏文為（nyingje）❺，「寧潔」，意為「高尚的心」。在西藏唐卡繪畫中，諸佛常被描繪為盤坐在蓮花之上，這代表我們都具有願眾生咸得安樂的渴望。這自生的花朵是我們存在的核心。我們必須在心中創造更大的空間來滋養、培育它。對「我」的偏執將悶死這朵慈悲之花；它無法茁壯盛開。當我們設身處地為他人關懷設想時，我們便能讓這朵花燦然綻放。為他人著想，使我們的心變得更廣大，因它帶給我們喜悅。

關照別人，是在世間成功的基礎。這是我們在學校裡學不到的祕密。如果有人告訴我們這個奧祕，我們也不見得會相信。我們想，這一定是在開玩笑吧。爲他人著想怎麼可能爲我們帶來成功？因爲它太簡單，我們便猶疑不信。爲了比這眞理系統更顯得聰明些，我們寧可持續原來一切只爲「我」的計畫。

「風馬」帶領我們超越「我」的伎倆。當我們釋放自己的狹小心態，天然的磁性能量便能生起。我們擁有一種特殊的吸引力。這不僅是指外表看來有魅力；而是從內在散發出光芒。成功和熱誠自然地流洩而出。如同本初善本身，我們力量的場域（field of power）②是清淨不雜的。我們再不會或多或少地以希望和恐懼來操控環境。我們的心也不再擔負著重擔，這重擔是由試圖維持「我」的觀念和兩極性所造成。我們與本初善站在同一線上，環境因此反應出一己的開放本質。輕而易舉地，像有魔術般，我們吸引所需的多方助緣。由於對本初善能量的確信，我們再也不是窮漢了。

大多數人是王子和窮漢的混合體，不知如何來統御自己的世界。我們彷彿生活在薄霧陰霾之中，有時幫助別人，有時只想自我；有時歡樂，有時悲傷。因爲缺乏駕馭思想的能力，每一個進門的綺思妄想都引誘、綁架著我們。只有當我們有計畫地把意義帶進生命裡的時候，我們才能眞正有所進展。香巴拉之道提供實際的策略來發展慈悲、自信、以及勇氣，同時以我們屬世的生活作爲車乘工具。佛陀向達瓦・桑波國王所提供的稀有而珍貴的開示，確認我們與世界的緊密聯

結。我們有家庭、工作、繁忙的日程表，然而，運用這些各式各樣的世間活動，我們可以培養智慧和慈悲，發展對本初善的確信。跟隨這條道路，即是我們得以加入成爲香巴拉利格登國王與皇后之家族的方式。

原 註
❶利格登王：「家系的持有者」，本初善的具體展現者。傳說中的香巴拉王國，有廿五位覺悟君主，他們被稱為「利格登王」。
❷風馬：達到成功之天然本具的能力，從施行美德而生起。
❸克雷沙：意即煩惱染污。根源於無明的困惑情緒。
❹輪迴：意即循環的。從無明產生的、無盡的痛苦和不滿足之流轉輪迴。
❺寧潔：字義為「高尚的心」。即慈悲，希望眾生痛苦皆能止息的願心。

譯 註
①東方大日（Great Eastern Sun）：在香巴拉法教中，東方大日類同於本初善，覺性，佛性，空性。它是香巴拉勇士的終極願景：一切事物之非造作、無條件的清淨和光耀信心。請參本書第廿一章：從基礎開始統治。亦可參閱邱陽・創巴仁波切所著之《覺悟勇士》，以及《東方大日》。
②Field of power：在藏文之中，「真威相」是「汪淌」（wangthang），字面的意義是「力量的場域」，意思是真正威儀的一種品質，由親切熟稔於德行而生成。達到宇宙君王的了悟境界，是發展所謂勇士「真威相」（authentic presence）的結果。真威相的基本意義是，因為達到了某種功德或美德，那種美德開始反映在我們的生命存在之中。因此，真威相是以因果為基礎的。所積聚的功德，是真威相之因；真威相本身則是果。本書第八章：與善友為伍，以及第十七章：平等心之確信，有所說明，亦可參閱《覺悟勇士》第二十章：真威相。

第 二 章

風馬的能量

> 當我們擁有風馬，
> 便可以沒有什麼障礙地完成我們所祈願的事物。

有許多年的時間，我有幸在印度，於頂果欽哲法王的座下研習佛法；法王就像是我的祖父一般。欽哲仁波切是偉大的西藏禪修大師，所有上師的上師，以及君王的上師——其中包括達賴喇嘛尊者，和不丹的國王。頂果欽哲法王是一位難以置信的、輕言軟語的人物，總以溫柔的方式散發他的力量。每天，他或是坐在臥榻之上，或床上，眾多的學生環繞其側聽聞法教。他已年老，身軀龐大碩重，常把他最喜歡的毛毯纏繞在腰際。他的儀容展現溫暖和眞摯。他使用的物件總看來比他人的來得好些：他的念珠、老舊的西藏木碗——甚至他的毛毯——都閃耀著美好的質地。在他的存在面前，最平凡普通的事物似乎增加了其價值——不單是因爲他擁有此物，而是因爲此物吸引旁人的目光。他的能量感染了他的周遭環境。他在場時，有一種自自然然的富裕和成就之感，這跟金錢是無甚關連的。

風馬的力量

那就是「龍踏」（lungta）的力量，也就是「風馬」。藏文中 Lung 是「風」，而 ta 的意思是「馬」。西藏各地，常可見到印有風馬形象的願望旗幡隨風到處飄動。它是一種帶來長壽、健康、成功和安樂的能力。 當我們擁有風馬，便可以沒有多少障礙地完成我們所祈願的事物。在風馬的背上載有一顆滿願如意寶珠。這寶珠是為眾生、不為自己而運作的智慧和慈悲。這是真正的信心和權能之源。一旦我們擁有了如意寶珠，我們的生活變得充滿福佑。我們心之所欲，自然生發無所障礙。就好像我們跳上馬背在開闊的鄉野奔馳，沒有什麼能阻礙我們的道路。運用風馬的能量，我們便如西藏草原上競馳的勇士，我們勝利的旗幟在風中翻飛飄揚。

「風馬」的相反──「墜撲」

在我的旅行中，我曾遇見過許許多多的人。只從他們的外表和言語，我可以看得出來，恐懼及壓力正在削減他們的生命能量。他們被「墜撲」（drip）❶所妨礙。「墜撲」是藏文詞彙，描述我們自身和環境的污染──由於活在「我」的計畫底下，而有的耗盡、空虛之感。「墜撲」是「風馬」的相反。「風馬」因辨別與明智而昌盛，若是缺乏辨別與明智，「墜撲」則壯大起來。當我們從事美德的行為，「風馬」的元素自動顯現，當我們狂暴和固執時，「墜撲」的元素便流滲

而出；我們以為必須激進強迫才會達到我們所要的。「風馬」來自我們留意於如何在生活中持身處事；「墜撲」卻來自一切皆無關緊要的輕忽之感。「風馬」吸引「爪拉」（drala）❷——它是一種護佑的能量，當我們克服一己的憤怒敵意，「爪拉」便生起。「墜撲」吸引障礙。「風馬」是純淨的燃料，「墜撲」則是一層黏膩液狀物，像炭火燃燒後的煤灰油煙；它的感覺是黑暗而沈重的，好比長期抽煙後滯留肺中的焦油。「風馬」提昇我們，「墜撲」使我們的心變厚重。由於培養消極負面態度，我們忽視了自己能夠發現本初善的潛能，而我們系統裡的污染物質，得到力量去壓倒勝過我們的智慧和慈悲。「爪拉」無法存在，生命變得晦暗和困難。

我記得有次問我的父親，他第一次看到一部汽車是什麼感受。當時，他只有十來歲，住在西藏東部非常偏遠的地方。他說，在那輛車到達之前好幾天，他已經能聞到車子的氣味，但是當時他不知道那味道是什麼。那味道變得越來越濃，最後那部車終於抵達。他又說，在汽車離開後好些天，他仍然能夠嗅聞到那味道。那種感覺便像是「墜撲」。

「墜撲」像是英文裡的「drip」般滴落、溼透我們。我們體驗它像一層薄膜覆蓋每一件事物。這薄膜是我們環境中負面性心理殘渣的反射，「我」的計畫下的染污和排出物。當我們的心，習於慣性的擾動和妄想紛飛，「墜撲」變成像是正常狀態的一層面紗。這就如同雙眼沒有完全睜開，看東西時總顯得有點黑暗、有點骯髒。由於被這層面紗所愚弄，我們變得不精準。我們覺得不管自己說什麼、想什麼、做什麼、或

吃什麼，都無所謂，我們忽略自己精神和身體的環境。利己主義的行為似乎是順理成章的，非但如此，而且我們還從事減少生命能量的行為活動。我們吃某些使自身虛弱的食物；說一些傷害我們正直完整性的話語；我們不停地找樂子；我們穿那類使自己感覺懶散的服裝。以一種蠻不在乎的態度來過生活，我們錯失了許多機會。事情總是無法成就；我們的能量長期低落。我們忘記了智慧和慈悲，也忘記了生命中的每一刻都是重要的。如果我們不致力於德行操守，很容易地，我們將做些無德無行的事，而「我能得到什麼好處」的態度就變得更強勢。

「我」的概念即一切疾病的根源

「墜撲」自生不息地製造障礙。完成我們的願望變得更加困難。我們搭不上巴士；我們被罰違規停車；我們突然得病了。最嚴重的障礙是關於「我」的概念，這讓我們無法看見自己的本初善。從此疑惑之中無明產生；而從無明中負面情緒生起，於是造作出更多具有傷害性的行動，使得黑暗的時期更加黑暗。佛教徒認為身體的疾病來自先前的負面行為；從這一觀點來說，「我」之疾即是所有疾病的根源。它是輪迴流轉的主因。

我們的心力微弱，所以我們因種種的障礙困難而氣惱，這讓負面情緒更茁壯。怒氣加劇後，又更增強了障礙的力量，像是在火上澆油一般。障礙是變幻的、不可靠的。憤怒所吸引

積聚的負面能量，遠遠超過這個生氣的人。像是高速公路上的車禍，一個人的事故使路上的每部車子都遲緩下來。污染的功效亦長時間徘徊不去。當人人皆被利己主義的繩結所纏縛，「墜撲」便統治一切，再無培養和諧的可能。我們總與環境互相矛盾衝突。這就是「墜撲」如何使我們的風馬枯竭，使我們的生命力虛弱的方式。它障蔽了我們能見到本初善的視野。

環境對我們而言，可以支持我們想做的事，也可以是阻礙。環境裡的每一件事——食物、衣著、地方、行程、對他人的慈悲和嫉妒——都能影響我們。某些具體環境於我們有負面的影響。「墜撲」能從我們所有的感官進入。例如一些食物，吃的時候味道很好，但吃完之後我們頗覺疲倦，沒有被滋養的感受。某些音樂使我們平靜而放鬆；另一類音樂聽過之後我們覺得困擾騷動。有些人激起我們的能量；有些人則消耗我們，讓我們筋疲力竭。在我們的內心，有些處所我們不應造訪：憤怒、執著，或貪婪的念頭，這些念頭使我們的見地晦暗不明，也抽空我們的能量。

「爪拉」是實相的福祐能量

正如同我們應該避免增長「墜撲」的環境，我們應朝向吸引「爪拉」的環境而行。「爪拉」的意思是「超越敵人之上」。敵人指的是使風馬衰弱的一切事物。在反映出溫柔、紀律、和諧，和欣賞感激的人群、空間以及各種情境中，「爪拉」

便聚集；反之，急促、混亂和草率，則會驅除「爪拉」。作為我們自己的廣大浩瀚和宇宙的廣大浩瀚之環節，「爪拉」是實相的福祐能量——神奇的力量。當我們有勇氣培養智慧和慈悲，「爪拉」連結起我們自身存在的力量與事物本然如是的力量，因為我們正超越負面心態的宿敵而在其之上。

「墜撲」和「爪拉」聽來像是迷信。如果我們取「迷信」這個詞之意為「概念的」，是的，「爪拉」和「墜撲」是概念，但是，其他所有的事物也都是概念——你，我，世間萬事萬物的外相。自古以來，偉大的上師們開示過，「墜撲」的污染能量和「爪拉」的福祐能量的確存在，它們存在於我們的心和我們的環境，而且還能對我們造成影響。「墜撲」使我們髒污不淨，使生活變得困難重重；它是塞住生命機器的垃圾。邀請「爪拉」進入我們的生活是清除它的方式。風馬的呈顯，則表徵著這部生命機制運轉良好。

我們都具有本初善——風馬的能量——只是等待著被發現。我們都是、從來就是、完全和完美的存在，在一個完全和完美的世界裡。如果我們感覺抑鬱頹喪，本初善未曾縮減；它的深奧性遠超過心情的喜怒或操縱控制。有時，我們聽到本初善敲著憤怒和妄執的門，說：「你不需要如此做。」我們能感覺到它，時或能經驗它，但是不知為什麼緣故，我們失去對它存在的信心。然後我們投射出對自己和世界的堅實感，區隔其為「自我」和「他人」。

這種無明使我們深陷於輪迴的黑暗之中，它的生長，是因愚

迷於最基礎的層面：我們正對一個原本流動的情境，投射出堅實感。與其看到怒氣、鬱悶和猶疑的透明度，我們與困惑的種種情緒相認同，這就是在用「墜撲」把自己的心變得粗糙厚重。我們如此地被己心所愚弄著，以為必須要得到某物來改善自己的生活，或擊潰某人使日子更好過些，於是我們做更多缺乏德行的事情。我們不能夠看到那鬥爭其實僅僅是在我們的心中生發。統御者的教法，則指導我們如何出離這一痛苦輪轉的循環。

統治的國王與皇后，了解「墜撲」來自於缺乏覺知和「帕玉」（payu）❸即——明辨洞察。我們對周遭環境漫不經心，下決定時隨隨便便，沒有高瞻遠矚。非但無法掀開「墜撲」的面紗去親賭本初善，反之，決意要跟隨一己的私欲使「我」快樂。我們決心去執取念頭思想，而不願放下它們；然後，我們進一步決定轉念頭為傷害自身和他人的行動。因為沒有真正了解到自己在做什麼，我們決定去發怒生氣，而非有耐性；去懶散懈惰，而非精進；去巧取豪奪，而非給予。我們決定在生活裡找樂子而非與生命真實地發生關連。這種逆道而行的作法，製造了緊張壓力和不平衡，於是障礙生起，我們不能達到心之所願；心底的願望其實根植於一種與本初善深刻聯結的渴求，即使我們早已忘記這一渴求。不管「墜撲」如何厚重，自身裡有某件事物明白了知本初善的存在。這是智慧在試著窺看。

在西藏，人們參訪求助有大成就的上師，以轉變自己負面態度的趨勢，使之成為正面性的。究竟來說，這些有實證的大

師並不能擦拭清除我們的「墜撲」，但是他們能幫助我們學習去穩定自心，教導我們如何取捨，而能以我們自身的力量來克服「墜撲」。他們可以給予教法，有助於我們如何淨化「墜撲」，生起風馬，並吸引「爪拉」。

統御之道，駕馭風馬

從我幼年的時期開始，我便研習統御者的這門藝術。有些教示直接來自我的父親，他是傳說中的勇士國王——林國的格薩王（Gesar of Ling）①的後代。有些教示則來自一些經卷：在藏人逃離西藏時，爲了確保這些經書的流傳，載負於馬背和人們背上、穿越重重河川、森林的經卷。西藏人民是非常實際的。他們會綿延不斷地傳遞這些教法，是因爲它們切實有效。這些法教植基於四種神話動物，代表著我們在日常生活中所需的自信；這信心可以幫助我們顯露智慧和慈悲的如意寶珠。培養老虎的知足，獅子的歡欣，大鵬金翅鳥的清晰明見平等心，以及天龍的遊戲神變智慧，便是我們駕馭風馬，創造精神與世俗成功的方式。

往昔，人們必須跋山涉水、千里迢迢地求取這樣的法教。而今，世界正處於一危險的境況，我們之中許多人仍然不理解，與己心和環境共處共事的重要性。我希望，經由傳佈這古老的智慧，我可以激勵起大眾去養成對本初善的信心，對眾生的慈愛，以及在世間具體實現他們願景的勇氣。由於把這些教法混合融入生活之中，快樂得以產生，我們也可以改

變我們未來的方向。

原 註 ┄┄

❶墜撲：從負面情緒和自我中心產生的污染和昏暗。
❷爪拉：字面之意義為「超越敵人之上」。當我們克服自己的憤怒與敵意時，所生發
　的福佑能量。
❸帕玉：明辨洞察力。

譯 註 ┄┄

①根據西藏傳說，偉大的西藏勇士，林國的格薩王，曾經受到利登王和香巴拉智慧
　的啓發和引導。格薩王大約生於第十一世紀，統治西藏東部康省的林國（king-
　dom of Ling）。在格薩王的治理之下，關於他身為一位勇士和統治者之成就的種
　種事蹟，迅速傳遍整個西藏，最後成為西藏文學上最壯闊的史詩。還有傳說指
　出，未來，格薩王將從香巴拉再度現身，率領一支軍隊來征服世間的黑暗勢力。
　請參閱《覺悟勇士》第一章：創造一個覺醒的社會。

第 三 章

十個百分比的利益

確保我們在統御者之道上有所進展，
最實際的方法，
是每天花一小段時間訓練我們改變自己的心態
——十個百分比的時間，便已足夠。

我的一位老師曾經告訴過我：「佛陀和我們的差別在哪裡呢？佛陀對本初善有完全的信心。從直接親證，他知道本初善確實存在；不管我們對此是否具有信心。我們皆是覺醒的、慈愛的、燦爛明智的眾生。我們擁有宇宙君王①的智慧及慈悲，深潛於內，如蟄伏的種子等待著陽光。我們以為自己距離覺悟有一百八十度之遙，其實我們只有偏差幾度而已。」

我總發現這段睿智和鼓勵的話語是非常振奮人心的。因為常有一些時刻，佛陀的品質似乎是在另一個銀河系般遙不可及。然而事實上，我們的智慧和慈悲隨時隨處唾手可得。怎麼樣能夠體悟此點，不是老遠地跑到遠東旅行，或激烈地改變生活形式，就可以達成它；而是經由我們態度上的一種輕靈微妙的改變。學習統御之道，是關乎發展對本初善的信心。

循序漸進地發展對本初善的信心

為了發展這一信心，我們必須每天善巧地積聚功德。大多數人都是在早晨時睡眠不足地醒來，感覺還有點迷迷糊糊的，便跌跌撞撞地走進浴室或廚房，接著，又持續的跌跌撞撞地經過一天，沒有太多的先見遠謀。我們早已習慣於一個以自我為中心的觀點──這觀點來自於我們總感覺到輕微地、沒有原因地惱怒，沮喪，或憂慮。期待在一夜之間，去翻轉「我能得到什麼好處」的心態，而成為知足的、歡欣的、順應的、有智慧的人，其實際性就好比是昨夜的夢境一般。

如果你想要身強力壯，你不能期待在只訓練一週之後便有急劇的變化。你也不應該一開始便每天花上五個鐘頭的時間在健身房裡操練。以少許的步行、慢跑、舉重和伸展運動，逐日地，你覺得越來越精力旺盛，越有鼓舞──很快地，你變得更健壯，你獲得更多能量，也睡得更好。

同樣地，確保我們在統御者之道上有所進展，最實際的方法，是每天花一小段時間訓練我們改變自己的心態──十個百分比便已足夠。修習過度，會讓整個過程出軌，像是慢跑的距離太遠，速度太快，或是舉重時超過自己能承擔的重量。那就是為什麼我鼓勵人們打坐時，從為期十分鐘開始，不抱著要立即見到成效的目標。合情合理的方式，是告訴我們自己：「百分之九十的時間中，我也許仍然是急躁、易怒的，但是我起碼可以用百分之十的心思和用心，試著先為他

人設想。」

當我一早醒來，首先，我把心安置在出入息上，讓心穩定。當念頭生起的時候，我觀照、承認它，然後回到呼吸的焦點。接下來，我轉心朝向如何能夠利益眾生，如何能在今天有所學習成長上面，或是如何能提升我的風馬能量。我培養慈悲，喚醒般若（prajna）❶——這是一個梵文詞語，其意為「最佳的、最高的知識」——對如何從事我一天的最佳認知。由觀出入息來安定己心，我像老虎一般，沈穩地讓足掌落實著地；由思惟深具意義的思想、念頭，我便如同獅子，以戒律提振心志。我於是置定了我的心態。生活常常使我們從本初善的馬鞍上摔下來。我知道，如果從一天的起始，我的心就在正確地方的話，對於怎麼樣接下來管理這一整天，我會有較大的勝算。

對本初善發展信心，是一個二十四小時的、全天候的修行。在我們每天短短十分鐘的禪修日課之中，我們運用本質上心的中立性，讓正面的力量充滿我們的存在。我們安止於內裡天生本具的平和，磨煉我們的方法技能，以成為一個更好的人；並且集聚力量，讓當天的其他時刻活得更佳。我們得到更多的內觀洞見，也去除了一層又一層的猶豫、無明和疑惑的面紗。（請參閱附錄的禪修指導，幫助你開始著手修習。）

一有機會，便憶念「願他人安樂」

之後，我們踏入生活，應用我們的思惟修的結果，在尋常日

用的活動中施展德行。每一天，我們與蒼天接通，運用相對般若，我們能把美德帶進日常現實世界的大地。相對般若的意義——即了知事物如何運作，思考精確。因爲由禪修擴大了我們的心量，我們繼續培育那些引領我們朝向正面性的思想和行爲——遠離「我」的伎倆，變得更爲和平、慈悲，與智慧。當一天裡的種種事件使我們的心失去平穩的時候，我們用專注於一，與當下覺知把心帶回呼吸上，或帶回我們清晨思惟修的主題上。

我在一天的生活中，總時時試著修習思惟修——在與人交談間、在汽車上、教授佛法，或是進食的時候。這樣的修習可以是非常簡單地，一有機會，便用心憶念起「願他人皆得安樂」的想法。或者，我也可以思惟無我，或如何幫助一個生病的人。此一意向的力量，幫助我扭轉迷惑，欣賞生活。當自我耽溺發生時，我利用晨間禪修的精確力度，使該能量由內轉向外。我發現，越是如此修行，我就越少憂慮。每天，都是一個機會，使我晨間禪修所得的結果更爲銳利、深化。

偶爾，人們前來問我，他們想要離棄他們的世俗生活，以便能全時間禪修。他們極欲知道，是否棄世才是所謂「精神性」的追求。我告訴他們，使得我們生活成爲精神性的、或屬世的，並不是職業生計，而是我們的觀點見地。如果我們想要過一個有意義的生命，我們必須有所籌劃，連結因與緣，所以我們現在於世間的所作所爲，能在未來產生正面的效應。這樣的態度可以接通「龍踏」，風馬——即駕馭我們本具覺知的強度與活力的能力。我們開始運用我們的生活，以一種健

壯的方式彰顯生命，而且，相反於攻擊侵略，我們振興起自己的愛與仁慈，並以智慧來表達它們。

我們總是困惑於存在世上的目的是什麼，因爲我們錯誤地把世間的活動和負面的情緒聯繫在一起。我們認爲，成功的定義是以野心和貪婪達成我們所要的。然而，被負面情緒所困，讓這些情緒恆常盤據，這不是屬世的成功——這是屬世的無明。人們老是說：「無明無知，是天之所佑。」，實際上，無明無知是痛苦，知識理解才是福佑。發展對本初善見地的確信，而且尊敬業力（karma）❷之律則——因緣之律則是導致安樂的成因。

業力——因緣之律則

業力朝著兩個方向運動。若我們施行美德，所播的種子將結快樂的果。若我們行不善之行，痛苦將是其成果。「善德」與「惡德」這兩個詞也許聽來像是道德上的，但是業力並不奠基於任何的審判裁決，它只是實相運作的方式。如果我們在宇宙銀行，把我們的自我偏執、憤怒等交給出納員去匯兌，所換得的事物，將是根據痛苦而得的匯率。如我們把慷慨或耐心交給出納員，所得的回報將是基於快樂的匯率。因美德而得到的安樂，也許當下就能發生，也許延遲到未來的某一時刻才會發生。

在藏文裡，「世俗的」一個等義字是「大膽的」。然而，這與統御者的無畏無懼截然不同；統御者的無畏無懼是從禪修中

養成的開放心胸和精準確實開始。「大膽的」則描述在世間我們對自己的愚迷不感到害怕。我們縱容貪與瞋，以爲它們是解決問題的工具，對它們的反響毫不擔憂敬畏。我們想，大發脾氣是沒有關係的，不會有任何的後續影響。我們算準了業力不會運作，或至少，它暫時不會運作，等我們對某人大聲叫嚷完畢它才會產生功用。

若把這種否定業力的情境比喻爲一個處所的話，我們早就擁有、分享著此一「渡假屋」了。但是它並非處所，它是一個觀點──「我能得到什麼好處」的觀點。我們對把自己放在第一優先無所畏懼。我們膽大包天地去生氣、妒忌、驕傲。然而「我能得到什麼好處」是窮漢和愚人的態度。就像是無畏於細菌，我們或是不明白感染的可怕，或誤以爲自己對細菌是免疫的，所以我們不去洗手或清潔傷口。我們的大膽無畏是因爲無明無知；無知於業力的運行法則。

唯一使得業力鬆弛它掌握度的方法，即是從事德行。我們不需要與世隔絕來這麼做；根據香巴拉的傳統，身處世間可以是成就精神性修行的基礎。這一切因我們的心態而定。大多數時候，我們或行持善行，或行持惡行。由於超越在憤怒敵意之上，我們吸引「爪拉」的福佑能量，增強了風馬的力量──帶來成功的能力。或者，我們累積「墜撲」，邀請障礙的來臨，因爲我們正陷溺於「我」的自私計畫裡。

「十個百分比」的策略

「十個百分比」的策略，是舒緩下來，退後一步，問自己：「我的見地是什麼？我是否已準備好、無畏地用智慧來協助他人？還是因無明而大膽無懼、放縱自己於消極負面的態度？」從我們晨間思惟修之體驗的儲藏庫裡，我們吸取經驗，幫助我們提醒自己記起早先的決定，即是在日常生活中運用慈悲心。我們不會改變心意，而使得壞情緒變成真實的忿恨。與其對生命裡的起起落落立即反應，我們回轉到自己思惟修的課題上，如此一來，我們就是在堆建層層的美德。每天，我們對心的力量，增添些許洞見——心是如何地在製造迷惘困惑，而為何正確思考，行具德之行，能使我們落實於自身擁有的智慧。

十分鐘的禪坐是非常重要的。這能夠安定我們的心，然後去思惟苦、無常或無我之深義。我們可以思惟，怎樣來過一個美好的人生，或是今天我能做什麼有意義的事。我們可以思惟別人需要什麼。或者，我們也可以僅僅是簡單地、試著點燃心中慈悲的小火焰，把這火苗帶進每天百分之十的生活中。雖然，這一點溫暖，可能被咫尺可及的、地獄般的狂怒思潮：「那我呢？我有什麼好處？」給縮減，但逐漸地，在一天快要結束前，慈悲似乎顯得更為自然、更順理成章地經常出現了。

我們尚能如是思惟：如何取笑、調侃自己，嘗試讓十個百分

比的心在當天敞開，觀察自己另外百分之九十的心；它把事事看得那麼嚴重、那麼當真。那百分之九十的部份，像是由不願意找習氣的麻煩、不願意摧毀習性的官僚所構成；由於被支付薪津，他們只想坐在辦公室裡，在表格上面蓋印章，這印章鐫刻的是「我」、「我」、「我」。於是十個百分比的心注視著自己另外百分之九十的部份，微笑說：「你這麼努力地支撐著自我的計畫，想要維繫每件事物──你的雄心、聲名、財富。這是何等滑稽！明天，你又得重覆做同樣的事情。所為何來呢？你的種種辛苦，大多只落得去增強鞏固你的憂慮、挫折，以及恐懼罷了。」

這十個百分比是心底角落閃爍的光彩，它在說：「今天，讓我們試試看，過一種有點兒方式不同的生活。」它好比烏雲中的縫隙，陽光從其間透出。從百分之十的心態轉變，我們開始衝擊整個系統。那也就是一位真實統御者的態度──不是那名因為懼怕做不一樣的事，而把「我」的印章蓋在一切上面的官僚的態度。這改變我們的十個百分比，認為生命的時時刻刻都是特別的。而另外的百分之九十，則是易惱怒的、急燥的、狹小的自我，它老是說著：「我忙得很。別煩我。太陽底下沒有新鮮事。」但十個百分比卻說：「我們就是太陽。」

一天裡有多少時間我們花在執著心中負面的思想？這些情緒是暫時性的，但它們這麼地根深蒂固，我們以為它們就是自己。由於在負面情緒上作思惟，我們使「我」的習慣生根。在對「我」的習慣日漸熟悉的過程裡，我們開始誤以為它就

是自心的本性。它的確看來像是我們的基本狀況；思惟「我」是這麼輕而易舉、毫不費力的一種禪修。我們的整個人生可以用這樣的風尚來渡過。然而，把心放置在負面情緒上頭，並讓它保持不變，不是一件愉悅的事。我們甚至忘了呼吸。當一天將盡，我們可能會感覺焦慮不安，抑鬱消沈，而且筋疲力竭，連夜裡也輾轉難眠。因我們全天都在讓騷動、負面的想法和意象深深刻印入心。

統御者善用心的中立性質。作為一名統御者，我們決定減少我們花在負面情緒上時間的比例，增加時間在能夠對成長有所助益的想法和觀念。如果我們把心安置在慈悲和智慧的思想上頭，那將成為此心漸感熟悉的對象；像是任何的習慣，它會增強增長。在我們的心裡，我們可以為自己斟一杯「那你呢？你還好嗎？」的酒來輕釀淺嚐，而不再是一杯「那我呢？我能得到什麼好處？」的酒。由於把一顆較為寬大的心懷帶入日常生活，我們就是在改變自己的態度。

十個百分比的方法，完全在乎心態。我們的心態，就如同軍隊衝鋒攻擊時的司旗手；每個人都跟隨著軍旗，因為那是戰鬥之所在。當我們的心意深陷淤泥之中，所有的思潮都會朝那裡而去。當我們的心意高踞山巔，我們的想法也會隨著攀昇。改變我們的心態，是使我們生活有效實現改變的途徑。就像我們若下決心戒掉糖或咖啡因，由以少增多、逐漸增加禁戒量的方式，會產生滾雪球般的實際功效。

建立穩定與認知的基礎

長跑者常談到奠定一個耐力的基礎——一種持續穩固的體能訓練，建立跑者的耐久性和力量。一旦你擁有這個耐力基礎，即使你一段時間不練跑，也可以輕易地再開始，因為你的身體已經適應了長跑的體能狀況。它知道如何去跑步。我剛剛起頭從事長跑運動時，就注意到這一點。在我建立起一個耐力基礎之後，我便有了自信。我能夠眼觀四方，看自己步伐的前進方向，並欣賞路途周遭的風景。在擁有這一個基礎之前，我總是奮鬥掙扎著，沒有從容的空間來欣賞一切。同樣地，安置我們的心於出入息上，我們奠立了穩定性的基礎，能導引我們至平和平靜；從思惟存在的實相，我們則建立起知見的基礎，這將引我們臻至智慧。我們越是去培養穩定和知解，越能明見事物，也越有信心。因為我們具有一個強壯的根基，我們感覺與美德相連結。於是能享受自己的慷慨和耐心。

每一天，改變自己十個百分比的心態，日久將造成巨大的影響。在我們朝著虎、獅、金翅鳥、龍之道探險前進的時候，修習每種動物所象徵的美德，就變成一個個楔釘，嵌入自我耽溺的巨石裂縫中。每當我們安頓於滿意知足，或幫助他人；每一回我們看穿一己的執著，寬心適然於我們本具的智慧，就像是把水灌注在木釘上；最後，木釘因吸水而膨脹，於是能迸裂幽閉恐懼的「我」的巨石——這石頭正是困住我

們的種種觀念和恐懼。我們的本初善終被揭露出來，由此，
我們能過著充滿意義的人生。

統御 你的世界

第二部

虎之道

第四章

如何下決定

> 在「虎之道」上探險前進，
> 我們小心翼翼地安放爪掌於地面。
> 我們尊敬業力；
> 因爲知道我們所下的每一個決定，都對未來有深遠的影響。

統御的國王與皇后，他們的征服勝利，不是由於攻擊侵略，或自我中心，而是運用「帕玉」——明辨洞察力——的結果。「帕玉」是生活中最重要的工具，因爲活在世間，牽涉到我們必須下一個又一個的決定，知道何時該做什麼樣的事。如果我們尚未發展出一套取決的標準，便會因「逆道而行」而老是做不恰當的抉擇——逆道而行的意思是，我們從事驅動著負面性情緒，又爲它們並不能帶來滿足而深感挫折。若是不使用明辨洞察力，何能破除「我」的伎倆呢？不論時代如何摩登，煩惱——即負面態度，以及業力兩者的結合，將繼續不斷地製造痛苦，不管我們是不是意會到這一點。沒有任何的工業技術，可以改變煩惱與業力的機械力學。在決定根據因與緣的原則來生活的情形下，我們明白自己並無當一名豪莽騎士的奢侈；我們不能進行負面的行爲，而期望它產生良善的結果。於「虎之道」上，我們開始以什麼該培養、什麼

該捨棄的明辨眼光來看待生命。

「虎之道」──明辨洞察，尊敬業力

我曾經從許多上師處接受如何成為一位統御者的教法。其中最簡單、也最有助益的一個方法是：「自早晨起身，即持有一個正面和開放的態度。」在我們起床以前，先決定要安置此心於一寬闊、充滿好奇感的空間。接著，我們以心來修習觀出入息，之後我們可以取出「帕玉」的鏡子，問自己：「我今天要下哪一些決定呢？我如何能夠利用這些決定、於德行的道路上有所增進？」這就是把明辨洞察力帶進日常生活之法。

香巴拉法教中，明辨洞察力與老虎的意象聯結在一起。老虎完全地警覺於牠所做的每一件事情。牠尊敬周圍環境。牠從不躁急從事。牠知道什麼時候應該在平原上狩獵，什麼時候應該尋找一個蔭涼的處所休息。老虎從不繞著圈子東奔西跑尋找獵物。首先，牠安靜地蹲坐著，勘查地景，看地面上有什麼動跡；然後，牠以精進之力猛然撲向目標。

老虎之心是謙遜的，遠離傲慢。牠先觀察，再撲躍；不管牠正在做什麼，牠完全地專心致力。這種溫柔謙恭的品質使牠與大地相連接。在西方文化裡，謙恭總讓我們聯想到虛弱。藏文中，謙恭一詞則同時含有「知足」之意。老虎的知足，來自於了知牠所需要的一切，都已經包含在當下這一刻。

我們的心，常常被已經發生的、及未來可能發生的、種種思想所干擾，但是唯一真實發生的事情，是現在這一刻正在發生的一切。修出入息時，我們把焦點放在呼吸上面，培養對眼前此刻的專注於一與當下覺知。由於讓身和心協調一致，我們學習如何能活在當下。當我們禪坐的姿勢正確，身體便得以放鬆，對心產生較少的擾亂妨礙。而在同時，心的自然穩定性和空間相連接，能賦予身體活力朝氣，像是吸收了新鮮空氣。那種生命力和自信，即是風馬；風馬實際上根源於「風」，我們的呼吸。風的元素運行全身，而心被風所承載著。當我們把心放在呼吸上，注意到什麼時候念頭偷取了我們的注意焦點，然後再度回到呼吸──這好比找到一個悅意美好的住處；我們深感滿足，便不再向外尋求。我們知道所有的已然足夠。

在學會如何安坐之後，我們現在學習如何行走。像老虎一樣，我們專注地與大地相連結，對自己正在做的事了然覺知。我們尊敬業力；因為知道我們所下的每一個決定，都對未來有深遠的影響。我們放慢腳步，查看形勢，再決定說什麼或不說什麼，做什麼或不做什麼。例如說，我們的小孩不守規矩了，在反應之前，我們先周詳考慮所有的可能性，問自己：「我有哪些選擇？」其後，我們自我反省：「我的態度為何？」像這樣，能讓我們在開口和行動之前，決定遵循有德的方向──「我應該培養什麼？我應該摒棄什麼？」這般的思惟不是妄想偏執；它是顧念和覺知。明白我們身處何地，不匆促行事，且小心翼翼地取決行動，如此一來，我們

就是在穩固使生命饒富意義的策略。

能使「帕玉」中斷的，是欠缺方向。我們仍然深陷於「我」的善變心；我們尚不確信德行會帶來安樂。由於缺乏運用明辨洞察力的強烈動機，我們相信、接受一己繞著圈子胡思亂想的習性，忘記了在擾動不安之念頭下的廣大空間。我們被憂慮、煩躁、或懈怠所纏縛，下決定變得像是依情緒而定的苦難和試煉，其結果，是我們一而再、再而三地作同樣錯誤的選擇。我們的「風」是狂野的；我們過於困惑分心，以至於不能將己心的蒼天與我們如大地般的現實活動接連起來。

以風馬之力對治「黑暗時代」

根據許多智慧的傳統，這便是黑暗時代的徵兆。「黑暗」的意思是，我們已接近一個較為光明時代的尾聲，如白晝將近，落日西沈；光耀正漸漸衰微，負面態度的沈渣正在消滅我們的智慧。又好比一間酒吧正要打烊，它是黑暗和骯髒的，而我們卻沈醉於自我迷戀。我們遺忘了如何持身處世。在想得到我們想要的、最後一擊的努力之中，我們屈服於憤怒和妒忌、侵略和貪欲。

超過一千年以前，蓮花生大士——他是把佛教從印度帶入西藏的偉大上師，就已經預言到這一個黑暗時代可被人們日漸增加的小聰明給區別出來。我們散亂的妄心急劇奔馳。我們製造出千萬種方法來娛樂自己，變成享受休閒時間的專家。我們不願運用我們的智能來增進此生，寧可用它在一件又一

件分心、消遣的事上，像老是在渡假一般。 蓮花生大士預測人們將變得更加狡猾和靈巧，慈悲漸漸顯得瑣碎、徒勞，而我們將會失去把意義帶進生命的知識。我們的風馬衰減。在同時，種種武器、疾疫、飢饉的群眾數量，將會增長。我們的負面情緒將增強，而過一個有意義的生活——具美德的生活——的動機，將會縮減。我們身體外觀的樣貌，將因我們隨著負面性心態的發展而惡化。

看到這一預言奇異的精準性，是非常令人驚愕的。過去一百年來，我們漸增的聰慧，使工業技術、應用科學的進展突飛猛進，我們的生活因之大爲改善。於此際，它也大大添加了我們使心思困擾、分神的能力。我們被一種信仰給誘拐，那便是以爲購買、獲取事物，能使自己快樂。恐懼及憂慮，威脅著去沾染我們所做的每一件事。憂懼產生怯懦；慈悲顯得太不實際，憤怒似乎是較爲現實有效的。當我們允許妄念和負面情緒自由生發，我們削弱了風馬，製造了我們自己的黑暗時代。

在此一特定的黑暗時代中，我們的迷惘困惑通常顯示爲速度。速度感減除了我們可以欣賞自己正在從事的事物空間。那瘋狂激昂的質地，創造出它自身的力量和運動能量，而開始統御我們。因爲我們不能安頓於此刻，我們不得滿足；我們生活裡的言行舉措充滿憤怒敵意。我們使用嫉妒、競爭、偏執、和焦躁，去追逐一個個的面談、電話、會議——所有那些我們認爲會幫助自己達到目標的事。當我們的日子顯得崎嶇不平、坎坎坷坷，其實是因爲這些負面情緒造成「我」

的顛簸路段。像道上的路障，它們告訴我們應該要放慢腳步，運用「帕玉」。但是，若沒有老虎溫柔謙恭的品質，我們無法聽到這警告。

人身難得，取捨精進

統治我們的生活，從能夠看見，我們是如何地阻礙自己通往知足之道的能力開始。在修習禪坐時，我們試著以減少活動和安於當下之定力，去穿透速效的外相。然後，我們把禪修帶入日常生活，繼續反思對什麼應該培養、對什麼應當捨棄，來加強風馬之力。我們理解到：想要遠離此處到任何地方，或寧可做任何事，卻不是我們現在正在做的事，這不過是沒有必要的舉動，而且還將使我們失去平衡。利用「帕玉」即是如何把平衡感帶回來的方式。以老虎的明辨洞察力，我們學會舒緩下來，觀看我們所處之地，欣賞感激我們的現狀。

佛陀說：「讓我們闡明真相吧。其他各道的眾生①，數量之多，就如同所有沙漠和海洋的沙數；人道的眾生，相形之下，其數量只像是一片指甲裡的塵沙。動物皆有一顆心，但是若告訴牠們，牠將活不過明天，牠們不能真正理會這意思。而人類則擁有完足的能力去發展知解。」當我們思惟自己的生命，便能發現佛陀似乎是正確的。身而為人是一個非常珍貴的情境，我們不應該花費時光在無意義的活動上面。這一結論促使我們去觀照如何取、如何捨。我們可以決定怎

麼樣放下無謂之事，而不再想要從事更多；我們可以決定專注而不再分神；我們亦能決心致力於欣賞人生，利用它來培育美德，而非激烈地想裝滿填充它。攻擊性和野心向來只能製造速度，於是導致我們現今總是處身於一種恐慌的狀態底下。

有時在電視上看到競跑冠軍和高爾夫選手，我發現這原理得到證實。他們看來似乎以慢動作在行進著，然而他們跑得比任何人都快，或擊球擊得更遠、更有精準度，原因是他們已去除了沒有必要的動作。我注意到我的上師欽哲仁波切身上，亦具有同樣的品質。看起來似乎沒什麼大事在發生——他坐在床上，而我們環繞其側。但在一天將盡，他已經寫下數首詩歌，數篇論文，以及傳授了弟子們 dharma ，法❶——萬事萬物的本然實相。他的成就如行雲流水，既不費力，又優雅，因為明辨洞察力和精進力是其燃料。

「帕玉」是掌握我們生命的第一步

「帕玉」是掌握我們生命的第一個步驟。它像一面鏡子，顯現我們什麼應接受、什麼應拒斥。應受取的是，能使我們從「我」的計畫裡解脫自由的事物；反之，應棄捨的，是使我們束縛於「我」的計畫的一切。通常當我們早晨醒來，我們對這一點就已經愚迷、困惑了。從清醒的第一刻起，我們便把自己放在首位。我們可能經歷一整天，覺得這世界時時在侵犯、威脅我們。「帕玉」注視著這個心態，問說：「是誰決

定讓我自己感覺如此？」我們的心，其實是統御的國王與皇后，我們總是跟隨自己的命令行事。在任一時刻，我們都可以慢下來，看看周遭，憶起我們正身處一個最珍貴的情境，這即是擁有人身。我們自我觀照、反省的能力，給予了我們監督一己之心的力量。

我們時常是寧可把心放在妄想和娛樂的跑步機上，也不願放輕鬆。然後我們想知道：「爲什麼事事都不稱我的心、不如我的意？」老虎的心，則創造出一個小空隙，於中我們能觀察我們的選擇性。我們可決定發怒或不發怒，操縱控制或不要操縱控制。我們也可決定成爲貪欲和固執的、嫉妒的，或不嫉妒的。這都取決於我們。智慧和慈悲從培養明辨洞察力開始——不只是對已經發生事件的反應動作。

在一天之中運用「帕玉」，不是讓我們變成自己的警察；這是利用我們的生活來鼓勵、增長善德。在統御者之道上，沒有人高居我們上方，告訴我們若爲非作歹就會下地獄。經由禪坐和思惟修，我們直接學到：當我們短視近利地看待人生，使用從自我耽溺中產生出來的、希望和恐懼的油氣來發動運作時，我們就是立即把自己送到焦慮、痛苦，和不幸的境地。

於我們心底深處，大多數人都知道應做什麼、不做什麼。持續不斷地與配偶或同事發生衝突，是雙方都在施行惡德的信號。以「帕玉」明見自己，我們可以決定用小心眼跳進爭吵當中，或是具先發性的、引進一顆較寬闊的心——即使那意

味著我們得放下爭執。我們有決斷取捨的權力。如果我們吃得過量，無節制地瘋狂採購，或陷於爭辯，我們可以反想這些是否是具德、或不具德的行為。問自己：「我的行動將導致什麼結果？我覺得禁閉、還是解脫？我滿足嗎？我是否有遺憾悔恨呢？」

當一天快要結束的時候，上床安眠之前，讓我們再度打開自己的心，拿起「帕玉」的鏡子，問說：「我今天的行為舉止如何？」這短暫的自省，顯示出我們哪裡激勵了美德、哪裡反其道而行。生命告訴我們應該要承順、放下、慈愛──但有時候我們就是無法這樣開闊。我們對某人大聲嚷嚷，試著操縱控制，頑固而慳吝。應用「帕玉」，我們評估過去所發生的種種，利用它們來決定未來該怎麼做。我們成為因與果的學徒。

「帕玉」如指南針，指示出生活的方向

以「帕玉」，我們使得「下決定」成為安穩己心及助長風馬的一個方式。我們也變得更加有效率地運用時間，去除那些沒有必要的行動。我們不再依靠酬勞佣金來過日子，因為我們有了指南針，指示出深具意義的生活方向。我們開始看到，下決定時，為他人設身處地著想──像是在我們並不想回一通電話時，仍回撥給對方──這樣的舉動，即是我們脫離「我」的伎倆之道。

用「帕玉」作完決定之後，老虎堅定不移；牠不往後顧盼。

隨意改變決心造成一種壞習慣。它強化了我們所謂的「下決定」是迷惑及無明的表現，而不是通往智慧和解脫的途徑。缺乏確定信念，將使我們的意識變得濃厚不清，「墜撲」滲入，下決定就更形困難了。

一般來說，不管我們做什麼──好事或壞事──越做便越增強、增長。那也正是心的本性。重複習性只會使其更為強固。老虎仰賴此一真理。「帕玉」鼓勵我們繼續從事好的習慣和舉止，使這類的行為模式日益增強。 因「帕玉」，我們能夠轉變壞的習性，使其成為良好的；若無「帕玉」，這些壞習慣永遠不會改變。壞習慣讓狹隘的心態變得更狹小。而好的習性，卻能使寬闊的心胸變得更為開闊宏大。

原 註
─────────────────────────────
❶法：在佛教教義中，即事物的本然實相；亦或表達真理實相的教導。

譯 註
─────────────────────────────
①六道眾生：是佛教關於娑婆世界有情眾生之輪迴流轉、升墮不已的法教。六道分別為天道、阿修羅道、人道、畜生道、餓鬼道及地獄道；其中天道盡享福報，無暇修行，下三道受苦無間，不明善惡，難以出離，只有人道兼具了知的心識與身體的行動力量， 故極具修行的潛能。

統御
你的世界

第 五 章

了解業力

以認識欣賞、明辨洞察，

和努力精進──老虎的工具──

我們不僅能統御我們現在的生活，更能統治我們未來的生命。

老虎是明辨洞察的，因牠深知業力的律則。業力，karma 一字是梵文，其意義是「行為活動」。它描述了編織生命質地結構的連續事件。它不是直線性的動力能量──一件事發生了，下一件事跟著發生。於是，許多的因與緣聚集一處，促使某件事得以發生。而此事件，加入下一組群的因與緣，這積聚聯合，又促成了其他事件的形成。在任何一刻當中，因與果都同時存在。每一個因，皆為果；每一個果，皆為因。

業力是世間法的實相

業力是一種世間法的實相，所有人都看得到──它是一個過程：許多事件聚集起來，然後產生某一特別的反應。舉例來說，月亮照耀在湖面上，反射成影；或是，太陽光通過放大鏡，聚焦而燃燒起火。或有時，我們見到某人在舔著冰淇淋，突然之間我們也想要吃冰淇淋。事件發生了，而其結果，致使第三個事件生起。月亮的投影並不獨立存在，而是

像魔術般地，從因與緣的集合油然而生。

像是地心引力一樣，業力是如此的基本，我們經常要忽略它。但業力存在於每一處。不論是什麼，我們所見的一切，皆是一個相互依存的因與緣的會面——不是一張快照，而是一部電影。例如，當我們走在街道上，我們仰賴著地面在那裡，仰賴著自己的身體健全，仰賴著心能使喚身體動作，仰賴著我們有時間、有地方空間去走動。這些因素都互為依靠關聯。在佛教中談到業力，它是如何地為我們設置基礎，因而我們生生世世地輪迴流轉。即使不相信前世今生，我們可以去觀察我們是怎樣地從過去遷移到現在，從現在延展到未來。

業力有時顯現地非常直接。像是我們吃了一頓大餐，然後覺得很飽；我們扭轉汽車的鑰匙，於是發動了車子的引擎。一種比較微細的相互聯結是我們的思想、行動以及言語。有時候說得多了一點，使我們的朋友怒氣沖天。兩個簡單的字語：「I do」，而我們便與某人結成連理。我們從不知道在哪一個確切的時刻，一個動作、或一句話，將促發引起另一件事，但是我們所作的每一件事情都發動了其他的事件。這就是為什麼老虎要小心翼翼地安置牠的爪掌於地面上的原因。

眾緣具足，業種成熟

不管我們是不是想到業力的律則——不管我們是不是知道它存在與否——它總是在發生效用。它管理著我們存在的每一

角落。業力不會被欺騙，它持續不斷地開展。它是極端民主的；不論我們是統治者或是老百姓、司機或行人、老師或學生，都是一樣，我們無法選擇不去參與其中。生命是沒有暫停時段的。我們一切的所作所為，都在我們最深的意識①裡置放一顆種子，有朝一日，這顆種子會發芽成長。每一個生起的念頭，特別是我們用意圖來澆灌它的話，就會種下一個種子。我們種下的業力種子，也許會在我們的心流深處中沈睡百億生，等待必需的緣發生。一旦緣的條件具足，種子便會成熟。打個比方說，如果我非常生氣，想著：「我必要有所報復」，此時，我便種下了投生到忿恨苦惱之境界的種子。只要我繼續不斷地為它澆水，我就是在製造一個環境，於其間愛的種子難以生長。同樣道理，若我澆灌愛的種子，憤怒將有較少的機會成熟茁壯。

業種的成熟，不是為了另一個人，而只是為我們自己。我們在造作業力，不管其他人知不知道我們做了什麼。我們所做的，也許不會上新聞的第一版頭條，但是那不等於說它沒有發生。現在我們從事的種種言行，有朝一日其結果必然會顯現。老虎於是觀看著身、語、意的行動，而自問：「我的意圖是什麼？」「我在培育、滋養什麼樣的種子？」

在佛教對業力的教法裡，經常使用一顆種子如何變成果實的例子來比喻說明它。種子是主要的原因。描述這株植物外相的發展，共有七個步驟：種子、芽、葉或樹苗、樹幹、樹枝、花朵、最後是果實。芽的因是什麼？是種子。樹幹的因是什麼？是樹苗。它如何能夠生長？它利用水、土壤、和陽

光來生長。這些是使得果實得以存在的因與緣。這是非常基本的。大家都見過果樹園的長成。然而，當我們一談到心，一下子它就變得非常複雜起來。

二元對立性的幻覺製造輪迴

當我們深陷於貫穿生活的、先前行動的力量和速度中時，我們就是在重新製造根本無明，自根本無明之中，迷惑生起：我們的本初善被二元對立性的幻覺所障蔽。在我們區分世界為自我和他人的那一刹那開始，我們就被輪迴——苦的循環——的風給攪住。我們就像是魔術師施下魔咒，自己開始相信它，結果無法解開其魔力。從未想過事物究竟的真相是什麼，我們帶著一種永恆感到處走動著。雖然周遭的情況改變，我們卻仍固執地保留「我」是真實和堅固的感覺。

相信它自身就是「我」的無明，含有三種衝動——具德的、不具德的 、以及中性的——這三種衝動導致行為活動的發生。此類困惑的行動，制約了我們下一刻的意識，而且若依佛教，甚至下一生的意識也受到制約牽動。「我」由形色（色）、感受（受）、知覺（想）、心理形成（行）、意識（識）所構成。這些是我們用來凝固成為一個虛構想像「我」的元素。我們的感官與周圍的世界接觸，然後，我們渴望愉悅順意的經驗，避免不愉快的，並忽略其他的。渴望導致占有——執取於諸種經驗——於是產生了下一刻或下一生的業果——而至老與死。

雖然了解業力從試圖了解無明開始，這些互相依賴的因緣環節②事實上隨時隨處都在發生。若把它們想成線性的排列順序是行不通的，那就是為什麼稱它們是互為關聯依靠的。無明不見得是第一位，即使無明總是現前。為了讓無明能夠生成，許多其他的原因早就已經具備了。

物理學和佛教在此點上非常接近。它們皆談及世界並非是停滯不動的，甚至在知覺上亦非如此。佛教教導著：意識、形色及現象，都不斷地在生起，一彈指間能生起三百六十次。物理學則說，雖然世界看來堅固，事實上是由恆常移動的原子和亞原子的粒子排列組成。這個世界，是種種運動的交互作用。在與現象界接觸之際，我們孤立、隔離和凝凍那運動狀態；因我們的感官覺知不能處理和接受混亂的狀況。說起來是頗為奇怪的——我們的意識凍結停格我們經驗的畫面，然後說：「這是一個蘋果。」「那是一塊巧克力蛋糕。」在我們早期的發展過程中，此一功能就已經形成了。煩惱染污——「克雷沙」之所以生成，則是當我們說：「我要那塊巧克力蛋糕。我將不顧一切地去得到它。」

如果我們相信佛陀所說的，我們基於這困惑，多生累世地造作出許多業行。因此我們不知道自己正在澆灌哪一顆種子。當行為活動刻印在我們最深的意識中時，它們不會自動消失。除非我們對治它們，它們的效能力量將持續下去。我們的整個生命由因與緣充滿構成，因之產生各種的業果。業力事件有時似乎是不合邏輯的，但那是因為我們不明白所有的因與緣之故。西藏人說：「一隻孔雀身上全部羽毛的每一個

顏色，唯有佛陀能解釋其原因。」只有當一個人完全發展他或她的智慧之後，才能真正理解因與緣，及其所發生的相互依存性。

以今之作為，改變未來的業力

對於先前所造作的行動，我們或許無能為力，但是經由現在的所作所為，我們有機會改變未來業力的方向。這就是為什麼在虎之道上，以明辨洞察來培養德行，並捨棄不具德的行為。我們不是單純地試著要做一個好人，而是以對事物運作之真相的觀察，作為我們行動的根據。如果我們以惡德為生存的燃料，我們將感受到生命道路上的坎坷顛簸；我們將變成自己的敵人，因惡行的業力將導致更多的負面力量。例如，若我們不照顧自己的身體，就會得病；若言語不檢點小心，便會傷害自己和他人；說一些流言蜚語、東家長西家短的話，那表示別人也會在我們背後說長論短。如果我們說謊，別人亦將欺騙我們；生氣發怒，結果是未來別人對我們懷有更多敵意，我們將更容易被激怒。貪婪的結果是我們將變得貪得無厭；見解上的驕傲，會使我們難以聽見真相。一切的不善之行，使我們變得更具防禦性，更確立固執於「我」見。我們正在用自己的如意寶珠去換一塊岩石，最終這塊岩石將把風馬拖沈下來。過一段時間之後，我們感覺到活著沒什麼意義，這一種惶恐、反胃的感受即是「墜撲」；它表示出「爪拉」已經遺棄我們而去。

我們或許以為，從事於負面性的心態、舉措，為我們帶來了一些快樂。或者認為，我們的野心為我們換來了一棟美麗的房子、一部好車、一個可愛的家，以及我們想要的金錢。然而，根據業力的律則，那些安樂是更早以前具德行為的結果。佛教徒說，那可能來自於我們前世所作的功德。即使我們不相信有前世，若我們以為無德之行可以帶來幸福，我們只要看看那些似乎是縱容於惡德而獲致某些快樂的人：如果他們經常處於恐懼之中，如果他們的生活被自我偏執所控制，或他們不能制止自己想要更多，那麼非常明顯的，他們所謂的成功，沒有帶給他們真切的滿足和安穩。

業力由心產生

為了獲致安樂，了解業力和培養美德是一個非常實際有效的途徑。業力本身由心產生。當我們禪修時，我們安定此心，嘗試減少困惑；心擾動的時候，較易受到自我耽溺的影響。在禪修中，我們不僅學會認知主要的情緒混亂，我們還看到了極其微細的執著層面。我們開始看見，當我們視自己為堅實不變時，也視外界為堅實不變；而那便是無明之所在。我們開始瞥見自己的原始本性，它是開放的、離於二元對立的——好的和壞的，善德和惡德。

以正確的見地，當負面態度生起之時，我們可以見其本來面目，它是空的。我的上師曾經要我試著去尋找我的情緒。忿怒在哪裡呢？它的顏色是什麼？ 它的形狀是什麼？當我修行

如是思惟的時候，我發現到，我不能找到我的情緒，即使我能感覺它們。一種情緒消失，另一種情緒生起。如果我們真能看見情緒的本質是空的，而不因渴欲而行動，我們便能超越「墜撲」的障礙。這並非說我們將成為無感的機器人，而是說我們開始看到自己的心，以及周遭世界的外相，都是鮮明而流動的。發展對本初善的見地，最後將有力量讓我們自業力的束縛中解脫。

要在這一刻對我們生命的業力產生影響，我們可以選擇從事具德之行。知道未來取決於我們現在所作的一切，我們應該洞察明辨自己的作為。正如蓮花生大士曾經說過的：「我的心浩瀚無垠，如同天空，但我的行為嚴謹精微，如同芝麻籽。」在虎之道上，我們的感官敞開，並以認知和關切一己之決定的心態，來契入生命──不是因為懼怕業力，而是因為尊敬它。這一見解，便是我們開始施行統御之道的寶座。

統治己心，解脫業力纏縛

如何能使自己從業力中解脫呢？經由統治自己的心。不論是在家中獨處，或是在公眾場合，我們應對自己為什麼要發展德行覺得肯定、舒坦。在美德的道路上行進，於是我們終能掌控自己的一生。然而，首先我們必須理解到，我們正身陷於業力之流裡，喪失了控制己心的力量。「我」障蔽了我們能見本初善的視野，我們繼續從無明中產生行動；這皆是先前迷惑造作出的成果。我們現在所製造的負面性業力，將增

加更多的愚迷，而這些困惑愚迷又會在未來結果。未來哪些
事會成形的許多因素，其實早就具備了，但是，以老虎的
心，我們可以改變未來業力的方向。對於現在所作所為明辨
洞察——即「帕玉」，以及對事物運作原理的了知——即「般
若」，便是深具決定性的，因為明日生命的章節，還沒有被
寫下來呢。

不論是一顆蒲公英的種子，或一塊石頭掉在我們的頭上，地
心引力從不嘲笑或哭泣。同樣地，我們是往後退呢，還是往
前進，對業力而言，都無關緊要；不論我們從事德行與否，
業力也毫不在乎。了解業力的運作，我們不需變得喪氣頹廢
或幽閉恐懼；雖然如此，我們應該明白，除非我們能統御一
己之心，我們無法出離迷惑。當我們一早醒來，可以先問問
自己：「我是要統治自己的心呢？還是要不經心地製造出更
多的戲劇情節，播下憂懼的種子？」如果我們以現今具有善
德的業力，融合注入過去的業力裡，我們就能改變生命的方
向而向前邁進。知曉心的運作，我們可以積聚道德資糧，利
用業力來創造平和與安樂，而此，最終將引我們臻至解脫自
在。以認識欣賞、明辨洞察和努力精進——老虎的工具——我
們不僅能統御我們現在的生活，更能統治我們未來的生命。

第二部　第五章　了解業力

71

譯註

①即指第八識，或稱阿賴耶識，藏識。
②這裡所指的即是十二因緣，佛法中對有情生死流轉過程的說明：無明、行、識、
　名色、六入、觸、受、愛、取、有、生、老死；十二因緣相互依靠關聯而生起。

第 六 章

懊悔的效益

懊悔所顯示的是，
我們沒有運用「虎之道」於生活之中。

當我們對怎樣過生活欠缺一個清明的策略時，如何下決定便會是酸甜苦辣、頗具壓力的。我們擔心若是錯過了一個機會，稍後我們將會懊悔。這種焦慮不安來自我們過往的體驗。有時我們夜半醒過來，喃喃自語，充滿悔意。如果懊悔非常的強烈，我們往往變得憤怒不已。對自己是如此愚蠢感到生氣，某些人佔了我們的便宜。好比是新買了一台電腦，以為物美價廉，然後更前衛、更划算的新機種上市了。我們很是懊悔：為什麼不能多等幾個禮拜再買呢？

懊悔表示行動中缺乏明辨洞察

懊悔是一種徵候，表示我們的行動缺乏明辨洞察。它引發「心理性的打嗝」，使我們退懼和畏縮。我們想：「為什麼我這麼做了？」「我不應該那麼說。」「我不應該買那件東西的。」「我早該關掉電視。」「我不該吃這麼飽！」「我應該還在學校念書的。」「我應該說我愛你。」「我應該說對不起。」針對

這類如打嗝般生起的紛擾妄念，一個有用的對治之法，是認識欣賞我們生命時光的無價，而不浪費時間在懊惱悔恨上。我們不希望讓懊悔成爲生命的主題。

我曾經伴隨許多臨終的人度過最後一刻。這通常是一個非常強而有力的時段。他們臨終的話語，或反映出他們的困惑、恐懼、憤怒、否定排拒，或是坦然接受。在這種狀態底下，一個人最有力的陳述是：他或她的生命沒有遺憾。相對而言，我們可以感覺到生命盡頭最痛苦的悔恨；那是一種難以忘懷的、驚恐的空間，了解到生命裡一年又一年，每年的三百六十五天當中，每一天我們都可以改變自己的態度。我們覺悟自己曾有千千萬萬日的良機，用明辨洞察和認識欣賞的心態來生活，而我們偏偏就錯過了那些機會。

我的先世，尊貴著名的米龐仁波切（Mipham the Great）①，是西藏最受到崇敬的喇嘛之一。他寫下三十二部具有發展性的著作，改變了佛法在藏地的教授和修習。他的寫作現今仍帶給許多人喜悅和歡欣，啓發他們經由幫助別人而找到生命的眞義。米龐仁波切的一生多在禪修閉關中，並且因他著作題材的寬廣度而頗負盛譽，從玄學到密續，無所不包。他是一位眞正的「文藝復興之大師」——他甚至設計描畫如何製造飛機和車子。他也寫下了重要基本的醫學和占星學的論著，還有對西藏傳說中的偉大國王——林國的格薩王的廣泛詳述。米龐仁波切是他當世所有國王、王子、崇高喇嘛的上師。在他圓寂之前，他說，既然他已經完成他的工作，他將轉生至香巴拉，在那裡，他將顯現爲一名慈悲的統御者，幫

助降伏落日觀的黑暗時代。他已奉獻了一己的生命給眾生，因此他沒有絲毫懊悔。

懊悔是想要使自我快樂的結果

據說，若我們的意圖是幫助他人——即使我們無法貫徹完成——我們將無任何悔恨。懊悔是想要使「我」快樂的結果。它所顯示的是，我們沒有運用「虎之道」於生活之中；「帕玉」渡假去了，明辨洞察正在休息，我們的心也離開了本位。迷惘又回到我們生命的舞台。我們不注意世界在告訴我們什麼。我們基於憤怒、嫉妒、慾望或驕傲，而妄下錯誤的決定——這是我們只留心照管「我」的標誌。如果憤怒是因，我們想要得到快樂是果，這是行不通的，因為每一個結果都必須與因有所關聯。

經由思惟人身的珍貴，業力的律則，輪迴的痛苦，無常的真理，以及慈悲與智慧是真實自由解脫，我們學會如何確實思考。我們通常對這些真相都不甚留意，直到我們對生命的期待，突然被身體的疼痛，臉上的皺紋，或是一個意外，或某個親近的人的疾病或死亡所打斷。然後我們體驗到一剎那的驚慌，暫時地切斷「墜撲」，我們種種習慣性假設的羅網。然而我們不願意處在那個開放的空間中，所以我們的下一舉動，通常是找一個方式回到「我」的虛假安全感裡。我們不想：「生命是可貴的，我應該開始幫助他人。」我們只是回到追尋悅意事物的舊有途徑，不希望有所改變。以為自己擁

統御
你的世界

有充裕的時間，我們反而浪費了生命。所有的決定舉措，都根據自希冀中產生的、不真切的訊息。我們是懈怠的，不集中的，因而敗壞我們的作為，最終通至懊悔。

去改變自己的心，從不太晚；但是若在臨終之前想要改變我們的一生，卻已嫌遲。反省過往，我們只願自己曾早先醒覺，做一些有意義的事。當我遇見垂危的人，這往往是我所聽見的、他們最常說的話語。有些人畏懼死亡，有些人則不然，但大多數人希望他們早一點領悟生命的難得；希望他們曾經更加有益地運用生命。他們多希望自己曾經待人更為慈祥，更關愛他人。沒有人說：「但願我曾經是更加地妒忌和忿恨。」

思惟修——轉變行為最有力的工具

思惟修，是轉變我們行為最強而有力的工具。以選擇引導自己的思想，朝向如何觀照事物的實相，我們說服自己嘗試另一種生活方式。這樣對實相的思惟修習，可以是在早晨醒來時，想像自己正躺在臨終的病床上，同時認真懇切地思索，如何能與實相同體一致地生活。

每一天將盡，我們也可以再度想像自己是那個垂危的人；我們能夠說，在生命中，僅有這麼一天，我們是毫無懊悔的？我們可以回想一下今天的所作所為，生活裡發生的一切。然後我們能看到小小的、懊悔的意念浮上心頭，像是沈船漂流在海面的貨物：「我希望我做了——或沒做——這般的事情。」

懊惱悔恨是一種追溯既往的執著。它是但願某事或某人，更加值得去從事、去爭取。懊悔我們與一個人的關係，意味著其中欠缺了愛與欣賞。

常常，當我們有懊悔時，反想是什麼事導致它的形成，往往非常困難，因為回想它是很痛苦的，於是我們莽撞前行。可是經過幾個星期之後，我們發現自己對同一件事還是感到後悔；它並沒有改變。如果我們想改頭換面，使生命有所進展，我們需要留神於懊悔的存在。我們必須承認它，明言重申自己要有所改進的意圖。思惟懊悔，並不需要變得道學說教，或是以苦行贖罪。毋需嚴懲自己，我們只要儘可能地直視、看清懊悔本身。我們可以運用懊悔的智性，作為如何增進一己生活的晴雨表。

當某一件事感覺不對勁的時候，我們可以思索它：當此事發生，我們的心態如何？那樣的態度現在以懊悔的形式為我們帶來痛苦，甚至也傷害了另一個人。澄清或道歉，將會有所幫助嗎？我們希望以怎樣不同的方式來處事呢？重點是，從懊悔之中，我們儘可能地學到許多。

鑑知懊悔，置他人於自己之上

在此一精神下，我們做一個有自覺的決定，回到虎之道上，以認識欣賞和明辨洞察來過日子。我們對自己許下承諾。在西藏，人們以一個實際的行動來印證這一祈願。他們製作一盞酥油燈，放在供奉佛陀或其他上師法照的佛龕前，並燃

香。酥油及供香，是藏人有實用價值的生活用品，人們從不隨意浪費的。所以這般的供養，證明是以一種嚴肅的意願，來改變生命的方向。油燈象徵著從幽暗的「我」的伎倆裡解脫出來，它的光明，代表從自我保護的甬道中出離，並且用智慧來照亮人生；供香則表示利益眾生的人生所散發的甜蜜香味。

我們也是一樣，應該停下來，承認、鑑知我們的懊悔，然後進行下一步以統御我們的世界。我們可以用一個簡單，或是較為繁複的儀式來標記這殊勝的一刻，下定決心要改進自己的行為，變得更加成熟。其後，我們在早晨醒來時，可以許願今天將是無有懊悔的一天——努力精進於培養明辨洞察力，置他人於自己之前。

人們常說：「我想要幫助別人，但是我先要讓自己的生活安適才行。」我認為，你需要吃得好，睡得好，頭頂上應覆有一個屋頂，但這就足以讓你開始延展自身以幫助他人了，不必等到擁有許多才開始。那是不會成功的。如果我們想要任何層面的安樂，都必須把他人的顧慮放在我們自己的顧慮之前。我們以為這是選擇性的問題，實際上，這是無所選擇的。一個決定接著一個決定，置他人於自己之上，是我們開始征服我們的困擾，生起風馬的方式，這也就是帶來成功和安樂的能力。不然，全天我們都在種植懊悔的種子，而痛苦、煩悶、和焦慮，便將因之而興盛。

當我們確信，要達成自己願望的方法，是去幫助他人，我們

就沒有懊悔了。我們不會看著身邊所擁有的事物，而懊悔自己買了它們；或瞪著自己的伴侶，後悔我們跟她結了婚；或懊惱自己的工作，但願未曾開始從事它。沒有懊悔的生活是怎樣的呢？那便是老虎的自信──滿意知足。它是來自於欣賞認識我們的幸運，以此心態生活，並且，將那份平和與安寧的感受擴展於周遭他人。

譯　註

①米龐仁波切（Mipham the Great）：即米龐・蔣揚・嘉措（Mipham Jamyang Gyatso── Mipham the Great, 1846 － 1912），是十九、二十世紀西藏偉大的學者和禪修大師，利美 Rime（不分派）運動的提倡者之一；他的著作等身，影響深遠，被視為文殊師利菩薩的化身。他亦是一位極有才華的藝術家、詩人及醫生、工程師、科學家等多方全能者。

第七章

精進之善德

致力於美德的行為，
能在我們生命中產生安定穩固——那是我們可以信靠的安樂。

人們時常問我為什麼我看起來總是那麼快樂，他們以為我一定持有某種祕方良策。我的確有一個祕密——那便是努力精進。不是說我是這一德行的完美範例，但是我能清楚地看見：我所感到的歡喜欣然，並非來自懶散地躺在那裡，什麼事也不做，或是毫無責任重擔；這份喜悅其實來自於先決定什麼是我所要做的事，然後全心全意地去從事它。

精進——精神和世俗成就不可或缺

當我剛開始長跑的時候（譯注：薩姜‧米龐仁波切是一名熱衷的馬拉松跑者），我的禪修學生屢屢假定我必定是懷有某種瑜珈術士特殊的技巧，可以應用在我的訓練上面。事實上，我只是在長跑時運用修禪所用的同樣原理。雖然跑步是身體的運動，它大半與心志的努力精進有關。我的一個主要策略即是徹底地把心專注其中。我想要跑步，所以每天一早，在我進行一天的日程之前，我便起身開始練跑。這並不是那麼

困難的，因為我早已下定決心要盡力從事於此道。當我在跑步當中，我把心放置於每一個步伐、姿勢，或我的呼吸上，每當念頭生起，我認知它們，然後把我的心又帶回我正在進行的事情上頭。

精進是成就任何事所不可或缺的——精神的或世俗的。當人們到我參學的印度南卓林寺①拜訪我時，總期待那裡是某一種烏托邦世界，所有人時時刻刻在修禪打坐。他們往往非常驚訝地發現寺院有多忙碌。從清晨到深夜，僧眾皆在誦經、禪修、研習、烹煮飯菜和洗滌碗盤等等。

佛學院的學子常常辯論般若——最佳知識——的功德，和精進之功德的比對。雖然最好是擁有兩者，人們多以為精進更為重要；有了精進，我們可以作任何事，沒有什麼是難以企及的。缺乏精進，光是有「帕玉」——明辨洞察力和般若，就像有一條船，卻沒有划槳。僅知道如何做是不夠的，我們必須實際去做它。西藏人說：「只要你有精進，山之巔並不算太高，海之底也不算太深。」雖然如此，若無明辨洞察，我們可能是無止盡地浪費自己的時間，讓事情更糟糕，因為錯用了精進努力的方向。最終，我們甚至可能在努力發展負面態度。像是全力以赴地製造武器傷害他人，或全心全意地思索報復之道。統御的國王與皇后則不然，他們的精進用在朝向德行之道上，而這將導致喜悅歡欣。

禪修——思惟——離我執

致力精進一己朝向於美德，它的意思即是努力精進於遠離
「我」的伎倆，而能爲他人的福祉著想。我們先從致力找到心
中的平和開始；這從晨間觀修出入息爲起點。其後，在思惟
修中，我們培養覺知，讓自己能夠以相對比照的方式，明見
事物的眞相。我們於是看到我們的行動和其結果；亦能清楚
看到負面的業力行爲所產生的後果。譬如說，我們決定不去
清理樓面，結果某人因此而失足跌倒。或我們忘記把院子裡
的坐墊收進屋裡，結果它們被雨淋溼了。

我們可以努力在自己的生活上擴展平和及洞察力——不總想
要擁有更多，也不再被憤怒和驕傲所誘拐；我們可以從匆促
急躁的步調裡放個假，開放更多的空間來容納他人。那也就
是說，當我們生氣的時候，我們致力於耐心；當我們執著的
時候，則致力於慷慨。這可以是很簡單的：看著憤怒的念頭
生起、落下，而不鼓舞激勵它們。我們可讓怨恨和惡意消磨
掉它們自己，不因對它們的反應而使負面態度久久不能消
失。

大多數人並不想致力從事於德行，因爲我們仍然未被美德啓
發。這種啓發也許不是一蹴可及的，我們或者能從身旁周遭
尋找一些例子：我們的朋友，恰是一位單親媽媽，在繁忙工
作整天之後，還能夠對她的孩子和顏悅色、極具耐心，如
此，便是一個啓示；或是，我們的祖父，以頑強不屈的愉快

樂觀，來適應變換的大環境，這也是很好的範例；公司的前任總裁上了新聞頭版，因為他簡化了他的生活，奉獻自己去教育低於貧困水平的兒童，這亦可啟發我們。我不知道，曾有哪位深具崇高智慧與慈悲的上師，是不展現精進努力的。他們都克服了自我中心，以精進之力，使自我中心感變成了碎石瓦礫。

精進隨著「帕玉」而出現

在虎之道上，精進是跟隨著「帕玉」——明辨洞察，出現後的那一刻。決定採取德行的方向，我們欣然前行。這一愉悅來自了知自己正努力於何事上的滿足。當我們不能確定想要做的事時，每一件事都會顯得很艱辛。但既然下了決定，我們便專一致志地貫徹它。看來似乎頗有矛盾，因為這可能意味著我們應該放慢腳步，以便能全心全力從事於我們的活動。以老虎行事的安靜舒緩，我們讓自己有時間去集中，讓我們的感官吸收自己正在做的事。這一刻，區分了光是看見一朵花，以及能夠去欣賞它的不同。

用精進，任何的山丘，對我們而言皆成為平地，因為我們是如此興緻盎然地想要征服它。相對來說，若無精進，即使在平路上行走也是萬般困難。當然，山丘與平地高度有別，但是真正的差別不在於路徑，而是在於我們的心。潛意識中，我們知道自己走錯路了；缺乏精進及缺乏喜悅的結果是懈怠。懈怠減少了快樂生發的可能。精進則使我們離於懈怠，

帶領我們朝向歡喜之道。

我們都希望生命中擁有喜悅，卻經常以倒行逆施的方式來尋求它。我們愚弄自己去想快樂是來自於什麼事也不做。即使我們不能實際向生命告假，但仍然不停地試著這麼做。例如，我們終於有了自己夢寐以求的假期了，但一心所要的只是潰倒下來。若缺乏組織和計畫，我們終究無法真正地享受自己。當我們沒有事先盡力在餐廳裡預定座位，或還沒有學會潛水就妄然去潛泳，所享受的快樂是很有限的。當然，有時候我們需要稍作休憩，然而精進本身是自然而然、毫不勉強的。心需要從事、進行於某一事物之上；我們天生地希望生命含有意義。

知足與喜悅不假外求

在思惟精進的同時，我們也許要下結論說自己並沒有幾分精進可言。但是，如果以老虎的眼光來觀察我們生命的光景，問自己：「我正努力精進於什麼呢？」我們將會發現，事實上，我們無時無刻不在修習精進——通常是朝著錯誤的方向。我們費心圖謀種種事情為「我」而成立；我們盡力發洩一己的怒氣；我們努力地尋找一點點樂趣，來暫時止息自己的苦痛；我們以精進來找樂子。出人意表的是，用精進，我們並不需要向外找尋快樂；我們可以於內在擁有快樂。

在印度修學時，有些時候，我們會向年長的上師要求，放我們幾個小時的假暫時離開寺院一下。我們的老師通常會微笑

應允，但其微笑的方式讓我們覺得他另含深意。我們以為，也許他們已經年老，忘記了怎樣娛樂自己。然後我們外出，想尋找一點有趣的事，結果卻常常混合著失望。

經過多年的修行和研習，我開始理解，為什麼那些有內證的上師不需要向外尋求樂趣。這並非他們反對社交，或懼怕外在的世界。他們早已擁有每個人都想要的、每個人所追尋的——知足與喜悅。然而，他們所有的是較為恆常的知足與喜悅。也許他們尚未觀賞剛剛上映的電影，也還沒到那家嶄新時髦的餐廳吃過飯，但是，他們知道電影和餐館是來來去去的；他們知道，最終，食物並不能帶來安適感，於其中滿足與喜悅能夠生起，而是努力精進自己去開展一個有意義的人生，發展對本初善的信心，以及用智慧和慈悲來表達本初善，如此，方能帶來安適自在。

當我們聽到自己有統御世界的潛能時，使它看來遙不可及的首要因素是欠缺精進。人們問我，他們如何能持著本初善的見地，有慈悲心，顯示智慧——此時他們臉上所表露的是猶疑不信。而精進將使得那猶疑消解無力。當精進生起，懷疑——呈顯為「墜撲」——就會自然消失。

在我們生命中有哪些山岳，是可以用「精進」來攀登的？最陡峭的山峰，其實只是一步之遙。如我從長跑中學到的，提振起精進之力所邁出的第一步，能使得所有的山峰夷為平地。以精進，我們能征服憤怒與敵意。曾經有多少次我們真正試著要克服自己的怒氣？禪修使我們能夠清除心中雜亂的

空間來看清這點，這是邁向正確方向的第一步；思惟業力，啟發我們去致力從事、運用它；整個克服怒氣的過程，便是精進。作為一名統御者，我們知道我們最巨大的財富，是自己努力邁向德行之道的能力。致力朝向美德的行為，能在我們生命中產生安定穩固——那是我們可以信靠的安樂。

譯 註
----

①南卓林寺（Namdroling monastery）：位於南印度，由貝諾法王在1961年所創建。是寧瑪派最大的寺院及佛學院。

第 八 章

與善友爲伍

老虎知道生命是可貴的。
然而，我們要與誰共渡這珍貴的時光呢？

我們也許在早上醒來時，深懷對本初善的確定信心，但是，要不是我們已成佛，經過一天下來，我們的見地或者時時有所動搖。但我們的朋友弗雷德和瑪麗珍不是佛陀，他們的見地也會是經常搖擺改變的。我們將聽從誰的話語呢？弗雷德和瑪麗珍，還是佛陀？佛陀每一天從早晨醒來到夜晚就寢，他的見地未曾更改。即使我們在夜半喚醒佛陀，他的見地仍然是一樣的。這並非因爲佛陀頑固不化，或是主觀武斷；這是因爲佛陀的觀點見解，奠基在對本初善之實相的確信，而不是對「我」的概念的確信。

交友之道，見賢思齊

在交友的同時，我們也在培養對彼此識見的影響。如果我們要統御世界，就必須留心自己與何人爲伍，以及他們的影響力。見到弗雷德與瑪麗珍成天坐在沙發上面，吃著洋芋片，卡嗒卡嗒地按著電視遙控器，然後我們想：「喔，那看來眞

是有趣，我也來這麼做。」上班的時候，我們的朋友總利用午餐休息時間，在背後談論其他同事的是非，過了一陣子，我們漸漸覺得這很有意思。我們最好的朋友老是向他的小孩子大聲叫嚷，於是我們也開始這麼去做，對自己的孩子粗聲粗氣。

我們修行的前期，即使我們渴望運用明辨洞察於一己的行為之上，有時候，與人相處時，我們就是無法抱持老虎的視野。我們忘記了業力的律則；我們的心力滲漏，風馬減弱。我們的明辨洞察力逐漸地衰微，放棄了努力精進的意志。「墜撲」使我們的識見變得粗糙厚重，更遺忘了生命的意義是什麼。我們的慈悲心縮小了。如果我們老是和不善的朋友相為伍，經過一段時間，我們想也不想地就跟隨著我們朋友的舉止言行——甚至去偷盜或傷害我們的家庭——我們的高尚品質便完全虧損了。在一個鼓勵惡行的環境當中，是難以與我們的風馬相連結的。

然而，若我們的朋友行為純正，他們便會對我們產生正面性的影響。我們想：「哇，弗雷德真是氣極了，可是他居然還放得下，也許我也可以向他學習寬懷一點。」或是：「瑪麗珍開始禪修之後，似乎不像從前那麼地急躁莽撞了，我也該學學打坐。」佛法教導我們，擁有一個具德的朋友，比擁有一千個不具德的友人，還來得更好些。

放置此身於關愛與慈悲的搖籃之中

統御的國王與皇后，認為每個人都是朋友，因為他們對本初善持有堅不可摧的信念；他們的意圖總是在生起悲心。他們可以伸展其智慧與慈悲的如意寶珠，甚至到一隻剛在車子擋風玻璃上滴落鳥糞的鴿子身上。我們其他人則不然。我們仍然局限於「我」的不安穩心態裡。雖然在我們每天修行的日課中，或曾有親見平和及穩定性的短暫一瞥，然我們剛剛萌發的風馬能量，還像個孩童，正蹣跚學步呢。

為使風馬強壯興旺，我們必得要明辨自己心理及生理的環境狀況。香巴拉法教指導我們，應把我們自身放置於「關愛與慈悲的搖籃中」。在虎之道上，我們從對自己溫柔仁慈開始，這意味去培養能使我們風馬增強的，種種的念頭、思想，以及外在的朋友圈子。認識欣賞我們的生命和周遭環境對一己的作用，以老虎的眼光來檢視我們的人際關係。與不善之友為伍，不論是自己腦海理的思潮，或是所謂的朋黨，只會加強我們的妄念和負面態度。不具德的友人就像是白蟻一般，蛀食殆盡我們的高尚品質。老虎知道生命是可貴的。然而，我們要與誰共渡這珍貴的時光呢？

如果我們讓自己由負面情緒所帶領著，很有可能地，我們就會找一些朋友，可以在一個很小的世界裡覺得安逸舒適，一起分享諸多抱怨、厭惡的事物，以及慾望等。在選擇和哪些人共同打發時間之時，我們先試問自己的態度是什麼？我們

是在支持強化自我的大本營呢？還是在尋求更深層的友誼基礎？

在修禪中，我們運用心的自然清明，如同與善友爲伍般，來作爲一天的起始。我們在創造較少煩擾的氛圍，這個環境遠離困惑的侵襲，像是立即產生妒忌和競爭之反射反應的各種襲擊。我們與佛陀爲伍，好比是傾聽一個好朋友告訴我們眞理和實相。即使很多時候我們蠢動不安，想要走開，我們還是決定要留下來，因爲我們認識到，不管我們有時或覺得不太舒服，我們的朋友深深關心我們的福祉。以這樣心的自然力量，我們每天提醒自己我們的本來面貌──好良善。

東方大日是我們本具的智慧

有一位藍色的佛，其名爲普賢王如來（Samantabhadra），意爲一切皆善 。藍色象徵所有眾生的本性，原像是無雲的天空。當我們抬頭仰望所見到的天藍──那是我們的本然天性。如果我們安住於心的自然能量之中，懷疑和猶豫將自動蒸發消失，而我們便能體驗到那美善。如天空一般，它是空的；因此它能容納順應萬事萬物。猶疑一己的本性，或與不善之友相處，不論是人們、或我們心理的負面態度，便好像雲朵。我們看見雲朵，深信它們是實在的，但是在雲層之後，太陽在閃耀，光照世界。東方大日是我們本具的智慧。如果我們選擇更加地信賴、滋養那東方大日，我們就會減少被雲朵障蔽、影響的機會。

當我們對本初善的確信逐漸安穩下來，我們便能以純正真誠的用心來推己及人。藏文中，表示朋友之意的一詞是「幫助者、貴人」。根據西藏的習俗，每當我們與某人會面，第一件事是以一條白色的絲綢圍巾，呈現給對方，象徵友誼的意向。我們用希望、祝福先去幫助他們的心意，來歡迎每一個人。幫助他人的想法，是慈悲；知道我們應該如何做，是智慧；真正去從事行動，則是勇氣。智慧與慈悲的如意寶珠，即是真實友誼的基底。

有時我們像是獨自坐在遊戲場的孩童，一心冀望擁有更多的友伴。但是，若我們總是駐留在這種不成熟的狀態中——想要得到，不想要付出——結交朋友是很困難的。我們欠缺了友誼中基本的交換作用。以自私的心態，要想統御這世界，根本行不通，因為我們只拿，不予；一但我們得到什麼，別人會從我們身上把它拿走。在這種情況底下，沒有人可以積聚功德。相反的，若是幫助朋友，我們助其完成心願，也完成了我們的心願。幫助友人，會增加他們的能力及意願來幫助我們。

友誼會中斷，是當我們不再去幫助我們的幫助者，因為我們視友誼為通往「我」的單行道。每一回，人們來詢問我對其親密關係的忠告，我可以僅僅從他們提問時的態度，來預測他們的未來。如果他們只是訴說另一半如何如何地不為他們做什麼事，我便明白這一關係大概是走到了盡頭。若我所聽到的，是：「我需要更多的支持，我需要更多的愛，我需要更多的關注；我的顧慮需要被理解。」我便視此為他們的友

誼已經崩潰的徵兆。這些陳述，都是絕望的症候。雖然它們可能都是眞切的，但他們已忘記了友誼是雙方面的事。他們不能在人際關係的起起落落裡作適當的調節。友誼基於業力。如你幫助了某人，你們之間的友情增長；如你完完全全地自我耽溺，只關心自己，你的婚姻或友誼是不可能會持續下去的。

友誼——一種精神性的修持

要創造一個持久的關係，需要繼續不斷的明辨洞察和精進。這是說在考量自己究竟可以得到多少之前。先考量我們願意付出什麼，這也許看起來頗不簡單，不公平，但如果我們要成為一名眞實的朋友，我們應該總是考慮著：「我能為我的朋友做什麼事呢？」「我可以如何去支持她？」「我如何能夠多關懷他一些呢？」基於此一原因，在我們發展友誼之先，便應反省這一關係將要求我們什麼，然後確定我們可以去堅定持守此一承諾。

以這樣的態度，友誼便成了一精神性的修持，教導我們成為堅強、順應，以及慷慨的人。我們的親和仁慈將製造出一個力量的場域——「汪淌」（wangthang）①——那是一種純正眞誠的品質展現，從我們與德行的密切熟稔中成長。若我們越是平和、愉快、和大方，我們就越能吸引更多的朋友，以及所需的其他事物。

覺悟的統御君王與皇后，他們是所有人的朋友；對眾生的福

祉，他們有極為強烈、不退轉的承諾。如此這般之精神性的善友，是無我無私的，充滿悲心。他們幫助他人，使其能幫助自己。不僅引導眾生到正道之上，他們關懷眾生，無所不至。即使是敵人，他們也都視其為未來的朋友。當我們生活得有意義，啓發別人亦能如此去做，我們也能夠成為他人精神性的善友；作為這種善友，需要有老虎的謙恭：因我們深深知道，與他人共處共事的同時，我們也就是在與自己共處共事。

怎麼樣能夠來統御世界呢？我們得和這世界成為知己朋友。如此，一個在虎之道上實際有用的思惟修行便是，我如何能成為我自己、和他人的真正朋友？我應該培養什麼、摒棄什麼？在思惟這類的問題時，我們邀請自己的心扉敞開；這就是我們在早晨醒來時，能夠馬上成為世界之友的原因。

 譯 註

①「汪淴」：即 field of power，真威相。 請參閱本書第一章譯注②。

第九章

知足的自信

以老虎的時時警醒之心，我們在生命之道上前進。
我們不再覺得有證明自己的必要；
因為我們已經體會了自己所擁有的平和實相。

佛陀教導我們，痛苦是漂流輪轉的結果；這樣的漂流，來自
於不停地尋找外在快樂源泉的驅策力。藏文裡，代表人類的
一詞是「卓瓦」（drowa）──它的意思是「遷流者」。我們徘
徊流浪，不是出自於喜悅，而是由於不滿足。我們在尋找
的，是快樂駐留之處，也就是滿意和知足之處。好比坐在一
家餐館裡點菜，我們遠遠看到，某個人正在吃著一盤看來非
常美味的沙拉，還有一塊肥美多汁的牛排，一片滴淌著起司
乳酪的比薩餅，或是雙層的巧克力蛋糕，上覆有生奶油，以
及漿果。我們馬上轉頭告訴侍者：「我要點同樣的食物！」
然而，等到所有菜餚上桌了，卻沒有我們想像的好吃。我們
所要的，其實不是食物本身──而是我們所看到的，那位食
客臉上的滿足感。

遷動的心，難以知足

現今，我們大多數人感受到的焦慮和壓力，實際上僅只是缺乏滿意知足。在我持續的行旅中，從西藏的高原牧區，到巴西的熱帶雨林，和香港人潮擁擠的街道，我學會必須在每一處所安心滿足。不然的話，旅行會使人精疲力竭，因為你總是臆想著下一個地方會更好更舒適。有些時候，和我同行的人們會疲憊不堪，雖然他們既年輕又充滿精力。因他們不能知足；他們把自己的精力花在期待下一個下榻處、或下一餐飯將會有所改進且更合乎心意之上。

即使我們不見得常常自一個國家旅遊到另一個國家，我們的心總是在遷動不已。我們以為，那種知足，可以在下一口飯菜、下一句言語、下一輪的高爾夫球、或多一杯酒、多一件新衣服、多一個親吻……裡找到。一天裡，我們花費多少時間精力在這般慣性的追逐上？我們與慾望、或食慾在早上六點鐘有約，接著在十點鐘，中午十二點則是午餐約會，然後上酒吧，再下來是晚餐，跟著甜點──最大的慾望，其後甚至還有宵夜。在與這種種慾望的約會當中，我們必須以某種方式放鬆下來，停止不斷的嚼動，學著去心滿意足。要不然，我們就會以不止息的轉移到下一個慾望的奢求與野心，來耗盡自己。

如果我們不知道如何在心中知足，我們甚至不能滿意於我們的食物。即便是在全世界最好的餐廳吃飯，也不會有任何差

別。相較起來，也許在印度的一個偏遠村莊裡，某人以土碗盛咖哩飯津津有味地吃著，還比我們滿足快樂得多。當我們終於發現我們找了好久的那款式新鞋，在短暫的一小段時間裡，我們很知足。但是這段時間過去，我們又變動了：食物不再美味，衣服不再合身，床單太粗糙了，洗澡水也不夠熱。我們需要更好的電影，更有趣的書，以及嶄新的戀情等等。我們似乎需要住在不同的星球上才行。

知足能平息憤怒激進

慾望，是一種有著無止盡食慾的生物。像是在乾草地上的一個火花，它只是繼續燃燒，直到完全枯竭。以其本性，它永遠不能被滿足；因為它是根基於在我們自身之外尋求慰藉的憤怒激進。那種期許總會落得失望，以及自生的諸多痛苦。是心自己讓自己不好過。能夠看見我們是怎樣地使一己受苦，便是明智；而「帕玉」的結果──知道何時適可而止──即是知足。這樣的知足賦予我們尊嚴。以明辨洞察，全神貫注地前行，執持著巨大的精進之力，如此，我們是謙恭的、溫柔的，因我們了解，我們已經擁有所需的一切事物。我們已發現了此心的平和，而且，我們對如何利用此生有所籌劃。這一知足，是老虎的自信。為什麼稱之為「自信」，因為它穩定了我們的心，平息了那種激進猛烈、期待事物與現狀不同的狀況。

香巴拉教法說，知足的自信，從對自己友善親和，對他人仁

慈憐憫之中生起。對自己的友善親和，是禪修的結果；當我們學會正確地修禪打坐，我們就不再與己心奮鬥掙扎。我們的心能滿足，因為它不再被慣常的活動所竊取——像是「我能得到什麼好處？」的無意義空想。自我反省和「帕玉」，讓我們與自己的投射意象，拉開距離。再也不是像窮漢一般地，尋找下一個瑣碎的確定認可，因為我們已發現在擾動之下的平和寧靜。我們不嘗試要改變過去已經發生的；也不妄想未來將做些什麼；我們於現在行動。

如果我們能夠看到：應該去培養什麼、摒棄什麼，如致力改進自己一貫的思想模式時，我們就是在邀請知足的爪拉。我們正在修習一個覺悟世界的基礎：看清自己的憤怒，辨別衝突的可能後果，然後作另外一個選擇。在被怒氣及野心激起舉動之前，我們重新考量：那也許意味著做一下深呼吸，或不猛按汽車喇叭，話語出口之前先數到十，或是寫完一封怒氣填膺的電子郵件後，不馬上按「傳送」，先儲存為草稿。在那一刻，與其創造出一個憂懼的國度，傲慢的國度，或怨恨的國度，我們決定發散出另一種能量。因我們對自己的平和有信心，我們便能居住於安心知足的國度裡。我們越是能信任一己的平和，就越能看見它其實是非常強壯有力的。以如此的知足感，負面態度很容易就被驅散。知足感有力量帶著我們超越恐懼。所以最後的結果是完完全全的友善和睦——融洽和諧而無有紛擾。我們不再製造緊張。

仁慈——從一己之心開始

仁慈，是對我們自己的心懷有足夠的友善同情，因此亦能看到他人的困境。在此刻的修道進程上，對他人仁慈憐憫是一個非常自覺性的決定。這來自於知曉若是缺乏恩慈，什麼將會發生，我們將以憤怒攻擊來行動；譬如說一些懷有惡意的話，或有意地侮辱別人。現在我們能夠明見：如果我們說謊，猛烈抨擊某人，或是充滿嫉妒地反應，我們的感覺是染污的、沈重的，而且是頗具防衛性的，像是我們試著要證明自己，使自己被承認。當我們這麼做的時候，便能感受到自身的風馬減弱。這說明了我們的心，已經滑落到慣性的活動上，這就是此心不再知足的一個徵狀。

「帕玉」提醒我們，我們不必被自我投射的意象給愚弄。我們可以選擇行為舉止處處留心。當一己所下的決定依據業力之律則，我們就與世界的步調同時一致。我們謹慎莊重，因而沒有驕傲；我們不為外界的反應而回撲猛打；我們不尋求注目，或娛樂消遣；我們明白，執著將導致受苦；我們也知道，擁有許多，不見得就能帶來快樂。這就是我們如何能從憤怒敵意的束縛中解脫出來的方式。

每一回我們能超越憤怒與敵意，我們便得到「日吉」（ziji）❶——內在的信心——一種超越情緒性智能的了悟。 以老虎的時時警醒之心，我們在生命之道上前進。我們不再覺得有證明自己的必要，因為我們駐泊於自身的平和實相之中。美麗

的新裝、工作上的升遷獎勵，或登上埃佛勒斯峰，也許能帶來一時的稱意滿足，但不會使自身的平和擴充增大。

「帕玉」所導致的知足，就像是在森林裡迷失了，最後終於找到了得以出離的路徑。我們不再使用欺瞞作為手段工具，因我們不去從事於那持續不斷的、自我保護的戰鬥。我們不想再過那種以悅意享受來填充自己、逃躲痛苦的日子。這好比是我們經常必須要說服自己，想像在「我」的計畫底下，我們過得還挺不錯的。克服欺瞞的意思是對這點完全誠實。不必等到生命將盡時，才醒覺理解我們的生命其實無甚意義，我們害怕去改變，過一種不同的人生——那是沒有必要的。

溫柔來自於知足之自信

以老虎的知足，我們不放棄生命——正好相反。禪修顯露出短期內得與失的模式，而「帕玉」則指示我們朝向長期的酬賞。這不是說，我們從此不再觀看足球賽，或對任何我們從事的事情不再盡力而為。我們從容以對，事事輕而易舉。在統御之道上，我們不以因襲俗成的方式來進行我們的世俗生活；我們並不尋求得到什麼以為回報；或是尋找需要高度保養維修的所謂勝利。我們深知：所有獲得的，將會失去；一切歡愉，轉成苦痛。由於擴展對本初善的信心，我們學會去信任自己，並且放棄以野心和侵略性來獲取成功的方式。最終，我們甚至能放棄對痛苦與悅樂、希望與恐懼的依附執著。

這自信的力量——從知道我們已經具有所需的一切中成長，能使我們變得溫柔。之所以溫柔，是因為我們不再自棄、絕望。有時我們把溫柔聯想為謹慎或畏懼，但相反地，無有憤怒敵意，是虎之道的修行成果。那是來自於一種內觀洞見，瞭解極力強迫只會使得事情更形困難。我在尼泊爾隨西藏偉大上師烏金祖古（Tulku Ugyen）研習時，他對我說的教示，於我有極大的影響力，他說：「以激進侵略，你可以達成某些事；但是以溫和柔軟，你可以完成一切的事業。」

當我們以溫柔及謙恭的方式來處理情況，爪拉的護佑能量就會在那裡幫助我們。神聖莊嚴，開始透過世界閃耀，如同香巴拉利格登王的富裕堂皇——那富裕，也就是我們一己的覺知；我們的感官——味覺、觸受、視覺、嗅覺、聞聲——呈現一種更高的品質，具有更為強烈的欣賞與認識之感。那樣的感受來自於一顆易於欣賞感激的心——一顆知足的心。

原 註
─────────────────────────────────

❶日吉：光耀輝煌的自信心。

第 三 部

獅之道

第十章

戒律的美德

> 獅子的戒律，能生起風馬，因而帶來精力、能量和歡欣。

每一回我到印度閉關修行的時候，都持守一個非常有紀律的日程表。清晨約四點鐘左右，銅鑼敲響，我可以聽到鼓聲開始了清晨的日課儀軌。年輕的僧侶唱誦著經文，在寺院的另一部份，有些人修習他們的晨間靜坐。整個氣氛是充滿戒律和能量的。當我回到西方歐美世界，人們問我在印度的寺院生活是不是很辛苦，的確，在印度時，偶或有一段時間停電或缺水，氣候極端炎熱，還有一些奇奇怪怪的昆蟲叮咬著人，而且食物非常地單調。但是因為我在從事某些我想要做，並享受去做的事情，我總是很高興地在印度修學。

嚴格戒律，教養成器

虎之道，顯示我們，明辨洞察力和精進，能帶來平和安寧。不僅如此，對一己的人生有所籌劃，是令人滿足的一件事。在獅之道上，我們用戒律的精確嚴謹，來增加我們的歡欣。若缺乏戒律，「我」的狹小心量就會接管一切，因為那是我們長久以來建立的習慣。我們的心開始漂流。當人生沒有方

向，我們是難以知足的。我們變得緊張急躁、憂慮或抑鬱。我們亦變成鬆懈草率，因此影響了我們心理上的警覺性。我們在溝通方面顯得遲鈍呆滯，在工作上缺乏效率。我們雖研習，但未學到什麼；我們的同伴感覺我們在拖沈他們。以戒律，我們製造了一個容器，在其中得以繼續成長。只有經由戒律的訓練，我們才能真實體驗到心的寬廣無垠，自身可能性的外在極限。

西藏「祖古」（tulkus）——選擇再度投胎，以造福眾生的轉世喇嘛——受到人們最大的尊崇，但他們也在最嚴厲的情境裡教養成人。在西藏，有句諺語說：「金子和祖古，不打不成器。」金子若非經過猛力敲擊，它的純粹將只是未開化的潛力，永遠不能被開發利用。在上一代的偉大上師中，如我的父親邱陽·創巴仁波切和其他的導師，實實在在地證明了他們養成過程中所接受的嚴格戒律訓練。如果他們的親教師不曾是如此嚴厲的話，這些偉大的上師不會有這般精深的發展和解悟。同時，沒有例外的，他們皆成為非常喜悅愉快的人。

這種精確嚴格，也延伸到我作為一位「薩姜」——大地護佑者——的訓練之上。有一次我的父親指導我從事一系列的禪修，需要一整年的時間來完成各種的修持。一年之後，我興高采烈地告訴他我已經作完了此一修行，當他聽到我這麼說之後，告訴我去重新再作一遍。他說：「你總得比其他人多作一倍，因為你將來要領導別人，因此你必須是當之無愧的。」在那個時候，接受這樣的反應是很困難的。然而，我發現以

此方式修行，使我更覺得有信心，彷彿我可以達成任何事情。修持的紀律幫助我馴服自己的心。我的心因之而超越進展。對於我的修行，以及爲什麼要從事它，我有了更遠大的視界和展望。

與一個更大的見地相連結，我們於是能夠開始克服小心眼。我們的心不再被負面態度所充斥困擾，被「墜撲」弄得粗厚混濁。我們持續地禪修、思惟，嘗試應用德行於日常生活中，因爲這麼做時，似乎帶來了某些改變進展：我們的生命變得更具意義了。起先，遵循戒律也許像是做苦工一般，但現在，我們這麼做是因我們享受它。獅子的戒律，能生起風馬，因而帶來精力、能量和歡欣。

以戒律施行美德，順心如意之事將自然發生。開車時，我們會注意到，與其加速油門搶一個停車位，還不如放緩下來，讓給另一個人，反而更覺輕鬆。在工作上，我們亦可見到，當一個企劃超過預期的時間進度，以耐性取代惱怒發火，事實上給我們更多能量去完成它。從前，德行只是一個理論，一個我們聽說過的據點，現在我們可以直接經驗它。遵守業力的律則帶給我們知足之自信。我們現在確知德行是應循的道路。我們得見，不傷害自己與他人，能使我們離於困惑迷惘。我們感覺輕快許多，彷彿內裡的光輝支持著我們漂浮起來。

戒律使我們超越在憤怒敵意之上

這種漂浮上升之感，正是「寧潔」——即慈悲，「高尚的心」。當我們本具的高貴質地被釋放解脫出來，慈悲和愛就更能自由流動。我們的存在有了一種提昇的品質，因為我們超越了憤怒與敵意。我們不再被疑惑所攫取。疑惑，是心中障蔽智慧的那一部份。它的展現為——焦慮、忌妒、野心、侵略激進、善忘和驕傲——這些都能隱蔽我們的本初善，使心缺乏彈性。當我們從疑惑的陷阱中解脫時，我們的心變得更寬廣，慈悲便能自然流露。我們可以包融納入任何情況而沒有奮鬥掙扎。

我在我曾經參學過的偉大上師身上，看到這種開放心的品質，包括我的父親創巴仁波切。人們通常銘記他的「狂智」（crazy-wisdom）①能量，但是從我和他日日夜夜的相處，我所記得的父親，是非常溫柔、親愛、仁慈的一個人。從我的上師頂果欽哲仁波切及貝諾仁波切身上，我也有相同的感受體驗；他們自然而然地流洩出溫柔和喜悅，不再與實相掙扎。這是他們戒律的成果。因為他們已然完全征服一己的侵略瞋怒，於是能獻身自己的生命，來覺醒眾生對本初善之真理的了悟。宣說這一真理實相，即被稱之為「獅子吼」。

迄今，克服瞋恨的最佳方法，便是為他人著想。例如說，在報稅期間，如果我們也能憶起其他人正在遭受同樣的痛苦：驚慌、擔憂，以及惱怒，這會使我們擾亂的心緒平靜、柔軟

下來。當我們生病時，設想那些也爲疾病所苦的人們，能夠溶解我們的幽閉和恐懼之感。設身處地爲他人著想，讓我們與自己高尚的心相連結。若我們維持著此一聯結，就可以對自己的苦痛懷有耐心。我們不會再被負面態度弄得脫軌失序，因爲慈悲擴張了我們的心，而「我」變得渺小一些。我們不再以充滿妒恨之眼來觀看世界，認爲自己是唯一受苦的人；我們知道，每一個人都在受苦。

獅子的戒律──爲他人著想

爲他人著想，是獅子的戒律。我們滿心歡喜地幫助他人，因爲，當這麼做的時候，我們可以感覺到自己的心超越於自我耽溺之上。以那樣的歡欣，我們不再是低下的眾生，深陷谷底──猶豫、懷疑、不明了生命的目標。我們高踞山之巔，知道我們爲何現在此處，將往哪個方向前進。如在西藏的旗幟上，雪獅高舉著太陽，代表對我們自身的高貴性深具信心。我們的心是愉悅的，因我們能欣賞認識自己本具的智慧。更因爲我們不再困惑混淆何者應取、何者應捨，我們的身與心強健而充滿朝氣。以這般的信心，我們能於高地歡樂嬉戲，那裡的空氣清新，水質純淨，我們穿越雲層，在山巒間跳躍。據說，雪獅居住於遍地覆蓋著野花，和充斥著馥郁芳香的草原之上；這是說當我們修習德行時，我們將會散逸出芳香甜美的氣息，因爲德行本身是最濃郁的香水。正如雪獅一般，我們在這高昂的心境中歡慶。我們不是因驕慢而自高──我們的高昂，是因爲知道爲何要運用美德於生活之

中，也知道它將引導我們至何處。把目的和意義帶進生活之中，讓我們超越窮漢嫉妒的心態。這種戒律，帶來了愉快歡欣。

因為我們的戒律，我們不會再墮入惡道的負面態度裡面。我們在每一件自己從事的事情上振奮而喜悅，而我們的種種行動，亦能以優雅和堂皇的方式來完成。既已勇敢地做了此一決定性的躍進，我們於是能享受善道的果實──長壽、健康、一個美善的身體、好運道、好家庭、財富，以及般若──般若能繼續解脫釋放我們高尚的心。當我們的慈悲不再受到束縛拘禁，我們便能以它來行動，將歡欣擴展到所有人身上。

譯 註
----

①在創巴仁波切的著作《*Crazy Wisdom*》，《*The Myth of Freedom*》，《*Journey Without Goal*》和《*The Lion's Roar*》（Shambhala Publications）及其他多本著作中，對「狂智」，（又譯顛慧、瘋行者）有極佳描述：Carzy wisdom, 藏文是 yeshe chölwa, wisdom run wild。狂智的本質，你完全沒有策略、觀念，你只是全然開放；完全直接地與清明或覺醒的心相連結。狂智亦是蓮花生大士的展示化現之一。截然不同於一般的瘋顛，狂智是基於當刻真理實相之直觀、無畏的行動。是為寧瑪派大圓滿之證悟深見。

第十一章

不遷怒

> 總有一些事是可以抱怨的；
> 但歸咎於他人，並不會帶來平和或安樂。

不久以前，我在印度機場受到一組安檢人員的攔阻。因為行李經過X光檢查的過程十分緩慢，同行者都感到懊惱氣憤。人們的惱怒逐漸增強，開始埋怨安檢人員將使我們錯過班機。顯然地，這些職員只是試著執行他們的工作，而畢竟，責怪他們並不會解決任何問題，特別是現在旅行，針對飛行安全，安檢措施特別嚴苛麻煩。同理，我領會到我們也可以輕易地去責備那些企圖炸掉航機的人，而懷有此一意圖的人們，又是因為怨恨譴責其他的人，才會出此下策——輪轉下去，怪罪不完。似乎，這個世界變得太小，不夠給每一個人來發洩他們的怨懟。這麼多的怨氣，能到哪裡去呢？

遷怒——未能處理自己的心

當我們失望或受到挫折的時候，當我們在痛苦中，或諸事皆不順遂之時——這是我們很有可能忘記獅子的戒律和歡欣的時刻，而去尋找一個可以譴責、遷怒的對象。我們的脊背變

得柔軟無骨氣，但心腸卻變得堅硬。我們修行的心咒成為：「如果不是因為你，我不會有這樣的問題！」統御的國王與皇后，則知道責備或遷怒是詭譎的。我們相信，某些人偷走了我們的喜悅，而此一觀點成為我們的見地。當我們遷怒之時，即是放棄去面對、處理一己的心。我們把挫折感和嫉妒感，硬化成一個小球，然後拿來投擲他人。那一刻，當我們埋怨：「這是你的錯！」我們便是從心的王座上放棄、退位了。

那一刻顯示出，我們的明辨洞察、精進、知足和戒律，仍然受到事事必須順著自我意願的制約。我們不能執持如皇家般高貴莊嚴的、對本初善的確鑿見地，所以我們落得放棄它。既然捨離了自己的穩定和力量，我們變成了窮漢，妒忌於某人或某事偷走了我們的平和安寧，並且把我們的無助感投射出去：「如果在我前頭那一部車的司機開得快一些，今天我上班就不至於遲到。」「假如某某能清潔廚房的話，我就可以觀賞我最喜歡的電視節目，而不必在這裡洗碗盤！」即使我們找到一個人，可以順理成章地去責備他或她造成我們的痛苦，滿腹牢騷地過日子，也不會提供真正的解脫。遷怒和埋怨，只是奠下未來更多不滿足的基礎。尋求一個對象，來附著自己的負面態度和苦惱，將摧毀我們的戒律。我們忘記了獅子的高地草原，而沈落到「我」的沼澤窪地裡。

遷怒使自我更爲根深柢固

以這樣的方式——當世界不順自己心意，我們便怨怪它——我們就是在製造狹窄的界域，其中每件事都必須符合相稱。我們對自己認爲的解決問題之道，固執己見，毫無餘地；反之，其他方法都是絕不可能的。遷怒責備，捆綁我們在過去已經發生的事情之上，使我們的心量縮小；它也能使我們的歡欣變爲沮喪，限制我們的各種可能。遷怒責備能達成什麼呢？在這一個黑暗的世代，當譴責其他國家，其他文化，其他途徑的思潮是如此地輕而易舉之時，遷怒責備只會惡化任何一個情境。即使我們正在經驗一樁帶來切膚之痛的事件，覺得指責是完全正當、公平的，我們是在選擇使自己變得渺小。我們使「那我呢？我得到什麼？」的思惟，更加地根深柢固。

只要是在尋找某個可以怪罪的對象，我們就無法在獅之道上前行，因爲我們的心不能安頓。經由禪修，實際地觀照心的活動作用，這給予我們絕佳的機會來觀察遷怒的整個活動。與其散發出負面性態度，我們能夠看見，自己不能滿足的眞實來源，是我們不願意在一己的心地上作工夫。只要我們總是在尋找一個處所來附著咎責和抱怨，我們便輕忽了以戒律來如實照見迷惑的可能性。

與其找一個被怪罪的對象，我們能用這顆心，去理解侵略瞋怒本身，原本是痛苦的表現。如果能夠發展自覺來理解此一

事實，我們就不再被遷怒的習性所攫取。我們無須變成受虐狂，成天責備自己；我們必須明白，痛楚與辛苦——不論我們所經歷的是怎樣的一天——其實是一個非常基本的現實實相。我們可以承認自己遭遇困難；我們正在經歷痛苦。那樣的認知，能打開我們的心靈與心智，得見慈悲之實相。不管我們所尋獲的譴責對象是誰，那個人也是處於痛苦之中。

遷怒之故，輪迴不息

佛陀闡示了四個基本的真理實相——四聖諦。真理實相意即這是通用於一切人的——不是對某些人為真理，對旁人則不然，或是有時候是真理，有時候卻不是。第一聖諦是苦諦。佛陀說：「每一個人都受苦，因為他們執著於『我』之概念。當我們所有的事物被拿走了，我們變得氣憤；當事物被贈與給我們，我們就產生依戀；當別人擁有的比我們還多，我們便妒忌不已。這些執著製造業力，使我們在無止盡的、不滿足的循環中流轉。」若去思量考察佛陀的話語，便可得到一個結論，那即是：負面情緒是使我們沈淪於痛苦循環的原因。這結論能啟發我們記起獅子的戒律，而此戒律，是從感受到一種存在的目的而來的。

我們所居住的世間，苦痛瀰漫，相續不斷。如果我們發現了生命中的痛苦，不應被嚇得驚慌失措，或以為那是對個人的侮辱侵襲。若我們受苦，並不表示作為一個人類的失敗：事實上，痛苦為慈悲奠下基礎——使我們能夠為他人和自己設

想。每人都有不如意的日子，每人都有他的困難，而責備他人，卻不會改變現狀。遷怒責備是遠離眞相的手段。當我們採行遷怒之道，每一個抱怨都爲下一個抱怨鋪路，而沒有任何一件事得到改進。因此之故，循環不息。這也就是「輪迴」──循環之意，總感受到痛苦的摩擦和阻礙，總是想找一個方式使它們離開我們。

對治輪迴之法，是回歸現實實相。總有一些事是可以抱怨的；但歸咎於他人，並不會帶來平和或安樂。倘若我們能放鬆己心，而不是一味地責備怨怪，我們也許能夠見到這世界運作的幽默感。我們會憶起，在一切苦痛的底層，我們是本具快樂的。把心帶回禪修的對象物上，見知、認識，以及釋放我們的思想念頭，能幫助我們記得：遷怒譴責的瘋狂興奮狀態，其實是不自然的、暫時性的。騷動的負面態度之下，智慧和愛，才是自然的、恆久的。

發現這一空間之後，我們便與自己的生活產生一種新的關係。我們變換了軌道。由遵循德行之道，所發展出的成熟度，賦予我們一個基礎，於此，我們可以感覺到對他人的慈悲，而非責備。與其執迷於一己的心滿意足，我們能見到別人所遭受、經歷的一切。我們看到：我們所責備、怪罪的那個人，實際上需要協助，於是我們幫助他。幫助此人，減少我們想譴責的慾望，增加我們利益眾生的發心。

這就是生命得以變得喜悅、歡欣之道。我們所做的，是解除心上遷怒的重負，不再因爲和環境奮力掙扎，而使生命能量

枯竭。我們從自我偏執的甲殼中解脫出來，從自己先入爲主的觀念——事情應該是如何如何——裡掙脫。不遷怒，不是說我們變成溫順被動的，安靜接受一切發生的事情；不遷怒使我們對痛苦敞開心懷，不以怨怪來關閉這顆心。

以慈悲取代遷怒，生起歡欣自由

我曾經聽聞我父親，和其他老一輩的西藏喇嘛述說，他們並不咒罵歸咎中國共產黨對於西藏的摧毀破壞。他們覺得，光是譴責中國人，不會解決任何問題，只會使西藏深陷於過去。如達賴喇嘛曾經說過的，中國的侵略，成爲一位教師，一個強而有力的挑戰，來增強慈悲心；也是一種機會，能去深入理解到，當人們做一些傷害他人的事時，他們自身是被恐懼和錯覺所束縛的。與其在我們心中重新改寫事件的發生，反覆地朝向我們選擇的箭靶子發射怒責之箭，我們可以有意識地決定，轉一己的心念向一些更寬闊的事物。不再去執著更大的力量，我們能夠生起戒律，思惟慈悲。

不遷怒，給予我們一條可行的道路，以接近、進入我們天生本具的智能慧性。這整個過程，需要有專注、覺知、明辨和戒律，因爲我們正在朝自己相反的習性而行。我們決意要伸展慈悲，取而代之責備——至少，對自己被煩惱染污的遷怒習慣所誘捕，感到些許慈悲。當我們能在當下此刻擴展慈悲心，就不再是如此可以預期的、老是遷怒歸咎他人的。以爲我們將要責備他的人，或會感到驚訝；其他人甚至會以爲我

們愚笨或瘋狂。但我們並不笨——事實上，我們是明智的。從前我們如同被監禁於一間囚室——現在我們端坐在豪華宮殿的寶座之上。

在打開此心的同時，我們亦開發了風馬，風馬正是獅子歡欣的燃料。我們開始欣賞生命中不平常的事物。我們更具想像力，也更能以具有創造力的方式，思惟自身和他人的苦痛，來根除一己的負面態度。當我們想要頑固地譴責某人時——甚至我們自己——我們可以做的、最有創造力的事，是真心冀望此人快快樂樂。我們的戒律訓練，使我們從遷怒責備的占領中解脫出離。經由改變我們的態度，我們將朝著一個包含喜悅與自由的未來方向，大步前進。

第十二章

讓愛流動不息

> 以含有智慧的愛，
> 我們便能在自己天生本具的、喜悅的高地上歡樂嬉戲。

在獅之道上，我們開始經驗到剎那瞬時的極樂、福佑之感，就像是在戀愛中一般。我們覺得福佑，是因為戒律和歡欣，讓自我封閉的心，轉向外面的世界。我們漸能解開自我偏執的結。最終，愛的生成變得毫不費力，如同太陽散放出溫暖和光芒一般。太陽從不說，「看吧，我正在照耀萬物！」它只是徹徹底底、完完全全地，致力於提供眾生的福祉。這就是純正真摯的國王與皇后之作為：明見實相，愛而無所執著。他們已經學會如何安穩自己的心，並思惟謀求眾生之安樂。

執著——不理解愛的真諦

在日與夜的每一刻中安定、穩固此心，就像是洗礦泉澡。它能夠溶解我們的壓力，使我們恢復生命活力。當我們安置一己的心於出入息之上時，我們感覺踏實、強壯與明晰。我們的困擾麻煩悄悄地溜走，因我們正與一更深層的能量源流相

連結。這樣的平和之感，是否就是最終極的快樂呢？並不是。它僅是第一個階段的喜悅。有如當狂風停止咆哮怒號，這世界變得平靜下來；然後太陽出現，大地萬物都得到溫暖。

要達到下一階段的喜悅，我們思惟眾生的福祉。為他人的幸福快樂而滿心歡喜，是風馬得以奔騰飛躍之基礎。我們體驗到愛的能量，這也正是我們純真的本質。每個人都喜歡身在戀愛中的感受，因為在我們心底深處，我們是樂意去關愛他人的。希望其他人得到快樂，就如同於蜜奶中洗浴，你心滿意足，深獲酬償——我們不願他生病；我們希望她睡得好，吃得好，有良好的風馬精神。

我們也可能迷惑起來，認為另一個人是自己快樂的泉源——此人就好像是愛的藥丸，我們必須吞下他。若不理解愛的真諦，愛就會變成緊密的執著。我們相信，所愛的對象，是愉悅的永恆來源。所以我們繼續回去要求更多。如此便是混淆了愛和執取，這將帶來痛苦，而非歡欣。恆久的喜悅泉源，是愛之本身，不是另一個人。然而，當與一個特定的人談戀愛時，對我們能日漸熟悉於為他人著想、隨之而來的那種喜悅感，是有所助益的。我們總縈想著，如何可以使她快快樂樂——給她什麼禮物，跟她說些什麼話，和她一起做什麼事。但真正的愛，並不依賴於任何一個對象。真正的愛是我們已然安頓之心的天生能量，那是一永不竭盡的資源，由我們培養老虎的認識欣賞，和獅子的精嚴戒律而成。當我們經驗到這種大愛，即體驗到美德。

負面情緒壓抑愛之自然流動

當我們剛開始愛上某人，任何好事發生在她身上，我們都會為她高興。譬如說，她在職位上得到升遷了，或其他人誇她新剪的頭髮好看，我們聽了也都雀躍不已。但漸漸地，我們的愛沈落到期待、熟悉和執著的重量感之下；我們的心關閉了起來。負面情緒，像是嫉妒以及憤怒增強了，我們的愛卻減弱了。我們不再對她充滿溫柔親切的痴迷，我們覺得有競爭性，想要一較長短。於是現在我們所從事的便是缺乏德行的舉動。如果自心被怒意和嫉妒所盤據，又如何能夠培養愛呢？

只要負面情緒持續駕馭著我們，愛就變得像火山偶然自地層裡迸發一樣，零零星星，時有時無。愛的岩漿冒湧出泡沫，但因為執著之故，它很快就冷卻下來，凝結成灰色的山峰。妒忌與憤怒鎮壓住我們的愛，使它成為石灰岩。我們不知道，何時愛會再度沸騰湧起。但我們不應該等待愛隨機偶然地生發，而應像照顧一個花園般灌溉培養著它。我們必須去耕耘翻土，讓愛的種子能夠迸開、抽芽、破土而出。若我們細心澆灌，給予它空氣和陽光，愛將成長。

練習思惟愛的方法之一，是提振起「願我的朋友得到他心之所願！」的念頭。有時候，我們的心會胡思亂想：「嗯，但是她不應吃太多冰淇淋；她會發胖的。」或是，「他要一部新車做什麼？只會讓他沖昏了頭！」然而，這一種思惟修，

並不是在防止修行對象的體重增加，或制止其虛榮之心，我們如此修習心念，是在發展愛和仁慈的戒律，即使現實情境並不符合我們的期望。有時，我們或許覺得不被欣賞和尊重。對我們的朋友，開始懷藏不高興的感受，以為自己被輕忽了。我們不希望她獲得成功，或他找到更好的工作，怕自己會匹配不上。我們的風馬衰微下來，嘶嘶作聲，難怪朋友們不再感覺到我們有吸引力。因妒忌、競爭或驕傲而導致的蹋躇和壓抑，只有使我們悲慘不樂。為了想要佔上風的掙扎奮鬥，讓我們成為自己所製造的戰爭的囚徒。

常常，人們抗拒這種關愛他人的思惟修法門，因為他們認為這是一種負擔。對於他們，我說：「我只要你在一天之中，花十分鐘，修習那種身處於愛中的心念——難道你不喜歡戀愛的感受嗎？」我們在日常生活裡，總是時時刻刻地在思惟某件事物——穿什麼服裝，給誰打電話，如何得到我們所要的。不管我們選擇的是什麼，那便是我們參與、駐足之處。像是反覆思索某人對我們說了什麼，籌謀各種報復的計畫；或是想著：我們的配偶老在我們話說到一半就插嘴打斷，真希望哪天她也出出洋相；抑或再三回想某件已經發生了的、意料之外的事件——這般醞釀思惟，就像是浸泡在有毒的熱水浴中。試問：我們是喜歡沐浴在汽油裡呢？還是在牛奶和蜂蜜的瑤漿裡？

在愛之中修習，就好比是在我們美德的罈甕裡越挖越深。我們使心從「我」解脫自在，深入探測一己存在的底層。思惟愛，賦予我們最浩瀚、最寬廣的心。愛越延伸，心也就越擴

張成長。最後我們能愛上整個世界。愛上全世界並不是負擔；它是巨大的喜悅，也正是獅子的信心。

智慧之愛，廣大的虛空

如果我們欠缺把智慧注入愛中的那種紀律，因對所愛物體的執著，愛很可能會把我們拖沈下來。然後我們變得有佔有欲，使自己深陷於煩惱。我們用各種規定捆綁、包圍著自己和對方——我們不能做這、不能做那。我們不容許足夠的開放空間。智慧，可以理解每個人都需要空間；無明，則看著另一個人，未經詳細考察，就愚迷地誤認這是「我的」朋友。

當我們不容許彼此的空間，我們沈落於嫉妒和貪戀之中，一味地餵養自己之所需。非但未能延展自身，我們攫取對方，毫無餘地。一旦我們拿盡這個情感關係裡可以取走的一切，我們便會離開，尋找另一個對象。我們永遠不能饜足。如此，即是窮漢之作風。真正的高貴特質，則以服務他人，為自給自足之道。

大多數的情感關係無法持續下去，因為其中缺乏氧氣。當我們剛開始談戀愛，即便是親吻時，我們仍然給予雙方空間，因為我們對彼此敞開而充滿好奇：也沒有一種「所有權」的感受。這關係繼續發展下去後，彼此之間的空間就越來越小。我們對自己和對方的觀念，於是充盈著期待與執著。愛是需要有空間的；虛空說：「不要妒忌。不要試著去佔有你所

愛的人。」與虛空混融的愛，稱之為「放下」。

為了抵消執著，我們可以去思惟處於自己和別人之間的虛無空間。我們所摯愛的人，皆擁有他們自己的呼吸，他們的身體，他們自己的心。他們並不屬於我們。一個更深層次的思惟亦可讓智慧進一步穿透照見。我們可以捫心自問：「究竟我所愛的，是誰呢？」他們是肌膚和骨骼，思想和言語的凝聚集合，他們並非我們所相信的那般堅實而永恆。

當一段關係結束後，我們往往被痛苦所重創，因為我們被迫在沒有準備的情況下，及早去面對虛空。由於一己對真相的錯誤了解，我們感覺到頭暈目眩。那個所愛的對象，並不如我們所想像般地存在著。剩下來的，只有回憶和情緒。也許我們錯認他為自我個體的一部份。他走了，但他從來就不曾在那裡，如我們所臆想的那般。而今現實顯得喧囂吵雜。過了一陣子，我們或許說：「我已經走過了那一段；我放下他了。」其實我們真正說的是：「我放下了自己對那個人的概念，以及在我們之間，事情應該如何進行的觀點。」智慧教導我們去照見主體客體之間的虛空；事物並不如它們所顯現的那樣堅固實在。各種假設的想法觀念，方是導致我們心痛悲傷的主因。

讓這一智慧穿透我們時，我們將擁有極大的虛空，因為不再為自己所投射的意象團團佔據。我們所愛的人，亦感到不再是被我們的執著壓迫得喘不過氣來，真實的愛，於是有了發展的空間。用獅子的戒律，我們培養出對一己宏大心靈的確

信，而非期望他人迎合我們狹小心量之所需。以含有智慧的
愛，我們便能在自己天生本具的、喜悅之高地上歡樂嬉戲。

第十三章

生起慈悲

從本初善中散發光芒的慈悲，如同太陽一般，
高舉我們於利己主義之上，帶領我們出離黑暗時代。

慈悲，是一種自由、無拘無束的渴望，是以高尚的心，對這世界的反應回響；是理解到：所有眾生和我們，本無二致。獅子眺望世界，看見每一個生靈——一只螞蟻急速地穿過大地，一條毛蟲在土裡蠕動爬行，一隻小鳥飛翔於天空，一頭羚羊奔馳過原野——一切的動機，皆來自於尋求快樂之欲望。每個人都希望苦痛止息。從早晨醒來直到夜晚上床就寢——不論我們淋浴、吃早餐、上班，或看一場電影——我們都在從事這種追尋。我們每天都希望不要受苦。以獅子的戒律，我們主動積極地延伸這願望到他人身上。這便是獅子的歡欣。

眾生存在，因慈悲故

希望眾生不要受苦，也許像是插一朵花在來福槍桿上，似乎是徒勞無功的；但是古有銘言，慈悲比槍膛後的憤怒，還要來得有力得多。究竟來說，我們現今能存活於世，皆是因為

他人的慈悲。由於父母親的慈悲，我們被餵養食物和穿著衣裳；有人不希望我們餓著或冷著。我們平日所吃的食物，所住的居處，所穿的衣服──都是來自於慈悲之故。的確，這當中或涉及某些利益的考量，但是慈悲亦混合於其間。

慈悲是對迷惘的阻撓。我們都想要快樂，但是大多數人都不知如何去得到它。我們把「利己主義」當作是達成目標的方式。如果我們的行為處事老像是吝嗇的商人，只考慮個人的利潤，如此，將傷害自身和他人，因為我們充滿著自我中心。以這般愚痴的行徑來生活，其結果是痛苦、壓力、失望和悔恨，這是缺乏德行的結果。藏文中，「自我」的含意為「充滿」和「墜落」；充滿利己主義，即刻能產生負面性情緒，而那也正是使我們墜入黑暗時代的原因。

慈悲，相對而言，是心之真誠純正的能量，從本初善中散發的光芒，如同太陽一般，高舉我們於利己主義之上，帶領我們出離黑暗時代。就好比陽光穿越雲層，它穿透自我中心而照耀世間。例如，我們正在匆匆忙忙地追趕公車，但是看見前方另一個人拖著沈重的袋子，我們不自覺地放慢腳步，希望她的勞苦能夠止息；慈悲可以切斷我們的急速感，於是我們前去幫助那個需要援助的人。

慈悲，奠基於眼見痛苦，與它發生關聯，並釋放它。我們思及全世界，以及其中所有眾生身受的巨大苦楚，因而生起願心，要發展出力量，減輕他們的痛苦。痛楚的經驗，帶來一種陷落、不能出離的感受。思惟此一痛苦的面相，可產生慈

悲之心，也就是獅子寬廣的大心。我們深願，一切眾生，都能解脫於他們本具智慧與慈悲的光輝中，從此不再受苦。

思惟慈悲的方法

思惟慈悲的方法是：首先，我們把心帶到一件個人親身體驗的經歷，來喚起悲心。若僅僅是坐在那裡，想著，「但願眾生無有苦痛」，可能會模糊籠統，缺乏力量；在一開始修習時尤其如此，只像是在思惟一個較大的念頭，這也許不能夠生起多麼大的悲慈。我在修習此法的時候，常常藉由憶起有次目擊一隻小狗被汽車撞到的景象，來開始引發慈悲：那部汽車發出尖銳刺耳的聲音後，緊急煞住車，小狗嗚咽哀鳴，哭叫不已；牠的後腿及臀部被撞到了，斷了的後肢拖曳在地上。想也不想的，我的心念跳躍到這可憐的生靈上，強烈地希望牠的痛苦可以止息。把心念帶回那一個切身經驗，總能生起我心中的慈悲感。這就是如何能使慈悲強而有力的方法——在一親密直接的層次上面，點燃慈悲的火花。佛陀教導我們，這樣與自身密切相關的一種悲心，是可以推展及於一切眾生的。

當慈悲的感覺生起後，我們花點時間靜靜思惟自己的反應，而後慈悲開始自然流動。現在我們既已生起慈悲，我們可以一點一滴地、將此心擴展到家人和朋友，由此使之變得更廣大。如果我們把智性帶入慈悲，我們甚可伸展悲心到敵人之上。人們總被他們自己的怒氣和驕傲所逼迫著；當我們與某

人有一敵對關係，如果能看見他的痛苦，是來自於折磨他的諸多負面情緒——像是受害者和他的欺凌者——我們便能感受到慈悲。

慈悲甚至有力量去征服惡魔——惡魔指的是肉眼看不到的眾生，他們牢牢深陷於負面情緒和謬誤的見地裡。卡在轉生到下一生命週期的間隙中，他們因無明之故，傷害他人。有許多故事確鑿地明證，某些西藏的佛教喇嘛試著以驅魔術和咒語驅逐惡魔，卻毫無作用；但是當喇嘛伸展慈悲心到魔眾身上時，他們終於發現了平和安寧，而能自其痛苦的情境中獲得解脫。

慈悲有兩種：帶有執著的慈悲，以及帶有般若——最佳知識的慈悲。對朋友和家人所感受的慈悲，通常具有執著、攀緣的成份；我們希望他們得到最好的，但是這些願望含有妒忌、依戀，或憂懼的色彩。執著使得我們的慈悲難以明確直截。我們想的仍然是自己。我們希冀某人的痛苦消除，是因其導致我們的不方便，使我們害怕，或使我們也飽受辛苦。經由思惟修，過濾掉負面情緒的塵土，我們成功地接上了德行的主礦脈——純粹無雜質、心胸豁達開放的慈悲。

般若慈悲——喜悅安樂，廣利眾生

佛陀說，「不要一個勁兒地相信我的話語，你應思惟其義。最好是你讓自己信服它，而不是我來說服你。」使自己確信之道，便是修行。在思惟修中，我們練習使心念朝向一個特

定的方向，並且在那裡停留一段時間。當我們持心於某一對象物，它將沒有選擇性的，逐漸熟悉於那一處所。那就是藏文中代表禪修的一詞，意思是「熟悉、精通」；藏文另有一詞表徵修行，意為「使其成為真實體驗」。當思惟慈悲之時，我們把心放在思惟眾生的福祉上，若念頭轉向思慮自我時，我們見知它，認識它；然後我們把心再度轉回慈悲的意念。這就是我們如何能熟悉於慈悲，並使它成為真實體驗的方式。

當經歷到悲心以後，我們以般若來淘洗它的純金程度，了解實相之本貌。以般若洞見，我們學習去延伸慈悲，推己及人，不是因為對他們的執著，或畏懼他們的苦痛，而是因了知一切眾生皆願安樂，如同我們自己；也像我們自己一般，眾生都不願有苦痛。以這樣的知識和體會，便能展開我們的關懷到一切眾生身上，如同太陽溫暖的光線，照耀在獅子的高地草原。我們生起越多慈悲，心量也就越加擴展。因為慈悲能帶來喜悅之故，它可以使我們快樂幸福。

當我們早晨醒來，應該記起：所有持久延續的安樂，咸皆來自智慧與慈悲。慈悲，並不只是針對勢不可擋的、貪欲和憤怒敵意的微弱反應；智慧和慈悲的心，將是金色年代①的勝利旗幟。當我們在生命中升起此一旗幡，我們的風馬便將增強。

譯 註 --

①在香巴拉法教中，「金色年代 」是相對於落日觀，即輪迴的反面。落日觀的昏沈
　黑暗，將被無我無私的、謀求眾生福利的入世修行，和對本初善的確定信心所驅
　逐；於是一個覺醒的社會——香巴拉王國，終將建立於世；而「金色年代 」的黎
　明便能降臨。

統御
你的世界

第十四章

幫助眾生的歡喜信心

當我們的心態是開放的時候，
便能享受世界所呈顯的一切事物而歡愉盡興。

佛教最偉大的一位印度大師之一，七、八世紀間的寂天菩薩（Shantideva），寫下關於菩薩勇士（bodhisattva-warrior）之道徑──《入菩薩行》。他說到，「思惟眾生福祉時那種不自在的感受，比起我們因如此去做而得到的功德，是渺不足道的。」僅只是思惟如何幫助他人，就能解除我們自身的緊張壓力，把喜悅帶進心田，而且還會產生不可思議的業力反響。這就是為什麼在獅子的戒律裡，以歡喜的信心，來增進充實整個世界。歡喜的信心，是以詢問：「有什麼事，是我可以幫忙的？」這種可提昇任何情境的能力，來展現它自己。

以思惟修生起獅子的戒律與歡欣

大多數人，一天裡花甚多的時間，持續不斷地思索如何能夠幫助自己。以獅子的戒律和歡欣，我們學習翻轉這冥想的對象，而去思考如何助人。一開始，我們也許忘記要這麼做，

其後，因不知怎樣才能對別人有所助益，我們或有挫折感產生。即使人們常常問我：「如何幫助眾生？」我不能告訴你，你應該怎麼做；我只能鼓勵你，把此一意念，當作你思惟修和各個行動的中心主題。思索如何能幫助世間，可以敞開自己的心胸，擴展我們的地平線。由記起作為一位統御者的基本動機——即確保他人的福利——我們正在為增進家庭或事業之遠景而鋪路，而最終，更是為我們的安樂和成功在打下基礎。

如果我們有一個家庭，每天早晨，我們可以花幾分鐘的時間，思惟我們對家人的義務和承諾。我們也許顧慮著房屋抵押貸款的事，或是擔心孩子們的家庭作業，家人的健康問題等等。在我們被日行的繁雜事務所佔據之前，我們可以先退後一步，以此一意念——「願我的家人幸福快樂。願他們無有痛苦。」來提振我們的心。首先，靜坐觀出入息數分鐘，使我們的心平穩安定；然後把心放在這一願望上。若我們注意到自己的心跑遠了，開始胡思亂想其他的事，便把心再度帶回到此一心念上。

以如是深邃摯誠的祈願，我們生起獅子的戒律與歡欣。我們提醒自己「蒼天」的視野——所有的決定，都將基於「蒼天」的智慧見地。這能加強和深化我們對家庭的許諾，然後，我們便能作與「大地」現實面相關的種種決定。由於在早上先對自己的觀點作思惟，我們學習著把獅子的喜悅自信，帶到當天的生活裡。這種信心，正可引領我們超越那使自身禁錮在「我」之中的恐懼及猶豫。

菩提心──駕馭風馬的智慧與慈悲

我們也許有一百萬個想法，如何能夠使我們的家庭幸福美滿
──飲食調理得當、健康，小孩學業成績良好，家庭成員都
穿著恰當，交往適合的朋友。如果我們把焦點放在這些念頭
上，而且擔憂太多的話，就無法把握為什麼要滋養、愛護我
們家庭的首要線索，而被生活所強迫壓制，好像我們總是在
低著頭、看著腳板下來走路，忘記去抬起我們的視線，望向
天空。修習思惟修，則是在一天起始之初，先把心定位好的
方法。不管我們的孩子在哪一間學校唸書，我們希望他們的
生命中擁有歡樂，不受痛苦的折磨困擾。由於將焦點放在此
一意圖上，我們正是在提醒自己，在所有無甚意義的、心理
戲劇的情節底下，我們其實擁有那顆如意寶珠，菩提心❶的
覺悟心懷，騎乘在風馬之上的智慧與慈悲。

我們或者要說：「我不須去思惟祈願他人的快樂；我知道自
己在做什麼。」但是通常，如果我們不是有意識的，把「願
眾生離苦得樂」的企圖帶入心中，那顆如意寶珠往往就會變
得模糊朦朧，遙遠不清。生活裡越多膚淺的表象佔據我們的
時候，我們就越執著於瑣碎之事，像是誰忘了把牛奶放進冰
箱，誰搶著電視遙控器不放；我們疏遠了之所以成為一家人
的深刻意義。若不是心裡最前頭、最要緊的事物，是很容易
就被自己忘記了的。

這就是為何要去思惟怎樣幫助眾生的緣故。我們在學著做能

讓風馬增強的決定。若越是能執持這心念一長段時間——
「願我的家人遠離苦痛」——很快地，我們將體會一個真理：
那即是，心底真摯的意圖總是希望他人快樂，但是自己的苦
惱卻常障蔽了那個願望。因此我們領會到，他人的快樂，是
一切安樂的根源；而一切的安樂，奠基於自無明中解脫自
在。當我們的心日漸對這樣的思想熟悉之後，這些真理就變
成我們生命的基礎。如此，便能使窮漢脫胎換骨，而成為一
位統御者。

如果我們從事一個職業，早上到了辦公室，我們可以先花一
些時間，回憶起自己為什麼要工作的原因：為了幸福安樂，
我們需要有收入，以供給自己和家人。我們簡單地坐在桌
前，花個五分鐘，讓心安定下來，然後，把心放在如下的想
法上面「願我的同事們都快樂」。雖然，也許有些人工作時並
不盡心盡力，還有些人老是犯錯，但這類局部的起起落落總
是在那裡的，我們不必太過於關注它們。我們可以安止於更
深的意識層次。引導自心到「蒼天」的寬宏大度，能幫助我
們具有雅量，而非壓制苛刻。一整天裡，我們可以去思惟此
一意念「願我貢獻自己，以成為他人安樂的工具。」

一旦我們被啟發，要提昇此心，幫助他人，我們總是能夠找
到一個有助益於世間的方式。獅子的戒律正是那起點，因為
它可提升我們到懷疑和懈怠之上。即使我們自己正感覺急躁
或抑鬱，我們能練習對他人說一些帶有鼓勵性的話語。我們
可以撥一些時間，協助孩子的家庭作業；或給我們的朋友做
一個煎蛋包。幫助別人並非指某些特定的細節——「我應該

做一個西班牙式煎蛋、還是起司煎蛋？」重點是在這麼做的時候，產生一種溫暖和開放的感受，培養對自己能夠有助於人的喜悅與歡欣。

順應情境，遊戲自在

至於細節的部份——當我們的心態是開放的時候，便能享受世界所呈顯的一切事物而歡愉盡興 。與其因為冰箱裡沒有起司、沒有雞蛋而大感不悅，我們可以運用任何現有的材料，讓此刻充滿興味。我們能遊戲於情境之中——如果不煎蛋，或者可以烘烤或燉煮一些食物，或是到小店裡買些茶料回來幫忙料理。這種不去抗拒環境和機緣的紀律，使我們放下先入為主的觀念，往前邁進，把每件發生的事件，都變成思惟修要點的一部份。

打開我們的心，就好比為一個新的園子翻土。一開始頗為艱苦，因為土壤需要耕耘，為數眾多的砂石瓦礫需要被移走。我們覺得喪氣。由於向來總習慣於把自己放在第一位，但為他人設想，似乎與個人無關，又顯得太費力。但經過一陣子，泥土變得鬆軟了，自自然然地，仁慈、悲心和喜悅就開始從我們的心上發芽。我們越是幫助他人，我們的心田也就更為柔軟和肥沃。

幫助他人，代表了活在世上的另外一種新途徑。我們不是在一條一條地核對自己的待處理事項，然後又回到「我能得到什麼好處？」的老路。如果因為有能力助人而洋洋得意，像

是在接手從事一個嶄新的企劃案件，那並不是信心，只是代表我們正在利用修行，去強化自我的狹小心量；我們認為自己高人一等，他們受到我們的援助，應倍感榮幸。若助人的行動出於垂憐或責任，而非關愛和溫暖，即使為某人準備了一頓最精緻的餐點，也不會帶給我們多少喜悅。相反的，卻會覺得疲倦不堪，因為我們不是在為別人設想，而是在為自己設想。我們常常突然忘記要如何援助別人，那是由於自身關懷的能量，還未能向外流動之故。我們不知道如何給予，有時甚至想就此放棄，整個忘記幫助眾生這一回事。若真的那麼做的話，我們也將無法幫助自己。

於日常生活中慷慨布施

我們也許坐在那裡思惟眾生，在我們心裡卻想著，「我得多為自己做點什麼事。」但為他人設想，正是為自己做了一些好事。因助人而產生喜悅，是一個祕密的方法，也是最佳的方法來幫助自己。每一回我們思及某人的幸福安樂，就是從「我」的計畫裡度一個假期。好比，冬天裡為鄰居的車道剷雪，我們反而因此舉動而健身強壯。

一開始，我們不能遏止地為自己打算，因為那是根深柢固的積習。我們尚未完全信服為他人設想是有價值的一件事。如果發現自己在想：「如果我幫助了他們，也許他們會回過頭來幫助我」時，也不必太過於責備自己。即使我們仍然固執地以為助人就是助己之道，比起從前有一百個為「我」著想

的念頭，現在起碼有三十個念頭是為他人設想的。過一段時間，若我們繼續持守助人的戒律，這比率將會翻轉改變，而獅子的喜悅將滲透我們的自我耽溺。我們會有更多為他人、較少為自己打算的想法。我們對新的生活方式越來越習慣，而且能看到此一新途徑的功效。一點一點地，因為我們運用每天的生活作為修習德行之法門，我們的風馬逐漸增強。如同所有的思惟修，我們由小處著手，漸漸達到更大的目標。

當我的母親生病的時候，我看到裴久喇嘛（Lama Pegyal）——一位頗有成就的修行者，照顧、幫助她。他總是輕言細語地與她說話，遞送茶水，當她酸痛之時，溫柔地幫她翻轉身子。他的每一個舉動表露真摯的慈愛，那紮根於一個簡單的願望——希望我母親的痛苦止息。我理解到，我們都可以於日常生活之中，具體實現那樣的慷慨布施精神。我們可以為某人準備一杯茶或咖啡；讓我們的朋友安靜、不受干擾地閱讀他的報紙；或是當我們配偶的餐巾紙滑落到地上，給她遞上另一份；當有人的車子卡在雪堆裡，我們可以幫他推車。雖然仁慈的行為不見得會受到感激，有時也無人知曉，我們仍應繼續不斷地修習。太陽不論在日與夜皆普照穹蒼，我們對眾生的關懷也應如是。

以愛與慈悲充實我們的思想和行動，能放出極其巨大的正面能量，如同我們的風馬被釋放自由。像是攪動牛奶使成奶油，其中有一種神奇如煉金術般的過程。當我們轉變「那我呢？我有什麼好處？」成為「那你呢？我可以為你做些什麼？」我們就是在以具有廣大心量的染色體，有意識地改變

自身的分子結構。這結果便是「日吉」──散放出內在的自信心。一旦我們把能量轉向外界，便如孩子全心全意地贈與禮物一般，我們全心地奉獻世間。這其中沒有政治的詭譎，沒有陰謀策略，亦無操縱控制。我們的悲心，因欣喜於眾生的幸福安樂，而向外光明放射。

統御 你的世界

第四部

金翅鳥之道

存在的實相

金翅鳥的心是勇猛無畏的，
因為牠不再棲息於「我」的計畫之中。

我最近剛剛上了四十歲，對大多數人而言，正是一個人生的
轉捩點。在四十歲生日以前，人們通常習慣性地稱我為一個
「年輕的喇嘛」或是「年輕的上師」。他們總是驚呼，「唷，
你真是年輕！」但是當我進入四十，突然之間，使人驚訝的
事發生了。他們開始說，「喔，你變老了。」前一天我還挺
年輕的，第二天就變老了；前一天我擁有世上所有的光陰，
而第二天呢，時間卻不夠用了。我不禁想著，「當我既非年
輕又非年老、而只是一個尋常普通的成年人，那段時間又如
何了呢？」

世間無常，生老病死

西藏人對年事漸長是很歡喜的，因他們對又多活了一年頗為
驕傲。西方人對此似乎有不同的看法，不少人對接受變易的
現實有很大的困難，特別是有關於年老、疾病和死亡。人們
對變老覺得很沮喪，因為那表示自己遠離了青春年華。我當

然是不在乎此。我向來享受成長和學習的過程，這部份是來自上師們的教導，他們教我如何思惟人生存在的眞相，他們也常常戲謔死亡降臨的多種方式。他們說：「最終，死亡的來臨是沒有預警的。」這些上師並不是冷淡無情，或懷有惡意，他們了知思惟實相的力量：能使我們的心自希望和恐懼中解脫。現在我知道，我可以選擇竭盡全力地去與無常掙扎奮鬥，或是坦然接受此一事實，在其中成熟茁壯。

自我們一出生，就已展開了衰老的過程。誕生，本是一個喜悅與痛苦兼具的經歷。當我們是孩童，我們都有成長的憧憬渴望——被這世界所蠱惑迷住，同時也對其有所畏懼。當我們在青春期，我們發展了可驚的智識能力與嘲諷懷疑，但我們仍然欠缺現實經驗。成年之後，我們體驗到隨著知識與責任而來的壓力和辛苦；最後，我們面臨衰老、疾病，以及與死亡相關聯的種種苦痛。

老年人常說，「我眞希望在我還是個青年的時候，理解到我現在所體會的一切。」經由思惟存在的實相，我們可以在年輕之時便體驗眞理。如果我們能接受無常，便能夠勇敢地超越對未來的恐懼和希望而生活。這便是大鵬金翅鳥的勇猛無畏；大鵬金翅鳥，是一種神話中的禽鳥，具有人類的雙臂，當它自虛空裡孵化而出時，它已經完全長成。金翅鳥是勇猛無畏的，這不是因牠跳上跳下地去吸引他人的注意力，而是因爲牠已放棄了「我」的參考點。牠有完全的眼界和展望，一顆鮮活、純粹的心，如香巴拉經典所述，牠能以「自生的寶劍」，切斷任何的觀點概念。因此之故，大鵬金翅鳥的心無

有界限。這即是眞實的勇猛無畏。金翅鳥深知，若是我們能接受老、病、死，它們皆是指導我們的法教。一場分離，一個死亡，生命的誕生，或疾病，就有如水之一滴；我們可以陷溺其中，也可以被滋養。

得失變易，焦慮痛苦之源

有時候僅僅是觀看人們步下公車，我在想，「每個人似乎正在經歷某種危機——中年的危機，青春期的煩惱，老年的恐慌。年輕人擔心他們的教育問題，希望在未來能找到一份工作；壯年人關心是否努力賺夠金錢，所以將來可以退休無虞；老年人憂心寂寞，但又不想成爲子女的負擔。其他的人，則是在經驗生命的危機或困難。他們對生命本身覺得畏懼，感覺像是缺乏了什麼。」因爲無法承受生之諸苦，我們變成自我偏執、只顧自己。

變易，往往製造焦慮和痛苦。這種痛苦其實不是個人化的，有如我們被特別地遴選出來接受這苦痛，但多半的人總以爲它是針對一己而來的。當所要的事物沒有如預期地發生，我們恍然若失；當它發生了，我們以爲自己贏了。或者，當我們的車被偷了，突然病了，失去自己的工作，或是必須要搬遷，我們就會覺得挫折迷惑，驚訝不已，或像是遭受到侮辱一般。我們希望那痛苦可以消失殆盡。反過來，當我們在撲克牌局中獲勝，完成了一個企劃案，或在戀愛之中，我們則感覺到志得意滿，被肯定確認，有如站在世界的頂端。我們

希望自己的愉悅歡樂能夠永久持續下去，越長時間越好。

思惟存在的實相，顯露出生命本是不斷的遷移變化。佛陀說：「你也許身處極佳的情況，但那不見得會延續綿長。你所見到的萬事萬物，都是無常的。每個人，皆經歷生、老、病、死。」我們思忖著：「他的話頗有道理。所有我認識的人，最終都將離世；在這物質世界的每一物體，日久都要分解消散。」

當我造訪印度的那瀾陀大學，它曾是許多世紀以來，光輝燦爛的世界佛學研究中心，但如今迎向我的，只有數幢斷壁殘垣。從希臘到羅馬帝國，以及忽必烈汗的亞洲王朝，僥倖留存下來的，僅是一些名字、傳說的故事，和少許遺跡。如果最偉大的世間成就，其下場不過是如此，我們又有什麼希望去製造任何一個所謂永久的事物呢？

思惟世俗的成敗得失，顯示出，我們花一部分生命時光試著讓一切事務就緒，然而另外一部份生命卻看著它分崩離析。當我們認為自己擁有時間——「我有一小時的空閒！」——還這麼想著呢，我們就已失去它了。當我們才交上一個朋友，不知不覺地，友情已經開始褪色了。當我們才得到一些聲譽，便即沾染了惡名的色彩。當我們正獲得一筆財富，即刻它漸漸消減。繼續尋找新的題材來爭取佔有，能使我們忘懷不久以前剛剛喪失的那件事物。捏造、建構這樣的慾望環節，是使自己深陷輪迴的原因。我們嘗試用不恆久之事來製造永恆。我們投資於希望和恐懼之上，以否定一簡單明白的

真理，作為自己的銀行交易——然而真理是不容否定的：世間所能提供的諸種歡樂，終將轉為痛苦；我們所掙得的任何物件，終將減損、失落。

為什麼用這麼大的力氣，去求取最後總要消失的一切呢？曾有任何一件所得之物，帶給我們恆常不變的快樂嗎？我們擁有的，都不能把握持久。生命裡有哪些事，不會遭受得失之風的吹動影響？甚至連這個人身，終究也是要消解的；在死亡面前，只有本初善存在。得到與失落，僅是一錯覺幻象——一個我們允許它去統治我們的幻象。

思惟存在的實相，放下執著

思惟存在的實相，讓我們能放下執著，這一執著，指的是希望能獲得什麼，和恐懼會失去它的執著。 思惟存在的實相，賦予我們遠見，看清生命不停地在生發、變動，而那是好的、沒有問題的。引起痛苦的，是期望事物朝向一個特定方向去進行的意欲。大多數人早晨醒來時，懷有錯誤的先見，以為在一天裡，經由區分我們希望、和不希望發生的事，或者，區別那些贊同、和反對我們的人，就會得到快樂。大鵬金翅鳥的心，則顯露出希望與恐懼的本質——它們是心純然的虛構杜撰，就好比在天空的畫板上面隨意塗畫斑點，實際上並不存在。如果變易走進那實相的空間，我們就會感覺到威脅，因為我們早已用希望事情該如何呈現的概念，凍結了空間。我們以幻妄期許所建造的世界，便是這麼的荒誕無

稽。我們需要改變自己的態度。

金翅鳥高飛於青天，以鳥瞰的角度，觀照生命中的起起落落。因爲能切斷、穿透種種意見、渴欲及逃避的策略，那些使我們纏縛於「我」的繁密網絡，我們終能清晰明見，飛翔自由。我們看到，用一個不穩固的標準來衡量一己的生命，將使自己成爲窮漢；那會縮減我們的視野，弄鈍我們智慧的寶劍。若是時時被對未來的希望與恐懼所控制著，又如何能夠活在當下這一刻呢？

思惟無常，結果將產生一顆這樣的心，對自己說：「以抗拒實相，苦撐著自我，不見得使實相就此消失。擔憂疾病和死亡，也不會增進我的健康，或讓死亡最終不至於發生。」當我們已經面對面地思惟過眞理實相的本貌，在任何的情境底下，我們都能夠更爲快活。我們不再浪費時間，垂頭喪氣；更不再懼怕變易。我們能夠以最勇猛無畏的方式行動，使自己從因襲俗成的心態中解脫：那慣性的心態，牢牢執著於一己對世界的期許，攀附於希望，或恐懼於事物的發生與否。

以本具覺性，住於虛空

從金翅鳥誕生後第一次展翅飛躍到虛空之中，牠就能隨心所欲，無所不至；牠的翅膀是平衡的，既不被希望撐持飄浮，亦不被恐懼拖沈下落。金翅鳥確知，除了本具覺性，我們並不佔有任何事物，這給予我們住於虛空之自由。以金翅鳥宏大之心，我們能有一種平衡生活的智能慧性。舉例說來，一

方面，當因交通阻塞而趕不上飛機時，我們不會太氣惱，因為自己的心具有足夠的寬宏大度，可以看清這不過是一回偶發的不便事件。在另一方面來說，若是有人贈與我們數千個飛航獎勵點數以供自己度假之用，我們也不會太興奮忘形，好像自身的苦痛將永遠被解除掉一般。

這種能面對變易無常，不為所動的勇猛無畏，需要不斷的修習訓練。由於禪修時不斷觀照、放下起伏的妄念，逐漸地，我們開始認識、熟悉於那超越妄念的空間。繼續修行下去，那空間便越來越擴大——它是如此的寬廣無限，可以容納順應一整天裡所有發生的事情。當我們感到失望或興奮時，可以深呼吸一口氣，抬起頭來，望向天空，或微微一笑，來重新取得平衡，消融自己對事物的執著意念。我們並不是在表現不切實際的樂觀主義，而是在藉此學習放下，飛翔於本然實相的虛空之中。禪修顯示，心並非是堅實不變的，它不是泥土作成的。我們無法衡量本初善；但由於恐懼和希望的種種期待，我們開始想要測量所有事物。理解到變易的現實，我們接受得與失——沒有希望和恐懼的攀緣。若能這麼做的話，我們會變得自然、自發地心情輕鬆愉快。我們不再以固執己意來強行扭轉無常變易。反而，我們接受此刻所呈顯的，用它們來拓展自己的心靈和心智。

最近我讀到某個雜誌上刊載的一篇文章，標題是「在你離世以前，十件待做的事」，我也有一個列表，但只列有一件事：在我們死前，應該要感受、經驗自身的智慧與慈悲。如果我們不曾經歷自身的智慧與慈悲，那麼，「十件待做的事」就

會增加為數百件、數千件。我們的心,將如同寄生於腸內的條蟲,不停地啃食消耗,永遠不能饜足,總在尋找那件最終能「稱我的心、如我的意」的事。那一種飢餓的感覺,便是疑惑──疑惑於我們的本初善。疑惑的成因,是由於不能認知我們存在的光耀;無法看見本初善無處不在。當對自己的真實本性擁有信心之後,便能在我們不偏不倚的心的天空中翩然滑翔,不管外在發生怎樣的改變。真正的勝利,是不陷於永恆、常性的幻象。這種自由,讓我們能勇猛無畏地,以智慧與慈悲,伸展自己到一切世界之中。

統御 你的世界

第十六章

放下之功德

去除了對「我」之迷思的執著，我們就會快樂得多。

如果我們仔細地檢視希望和恐懼，在其底層，將發現到執著。我們或許認為，為了要克服執著，必須去除殆盡所有自己黏溺貪愛的事物——我們最心愛的毛衣，我們的戀情，或者最喜歡的冰淇淋。我們想，「我太愛吃冰淇淋了，一定要放棄它才好。我看見自己為了搶著買冰淇淋，把其他人都擠開，所以我可以先到櫃台付帳。」但是，問題並不在冰淇淋，問題甚至不在我們推擠他人的舉動，問題在於我們的視野見地。我們希望事情以某一方式進行，於是朝此方向奮力推動。大鵬金翅鳥深知，彼處無有可以具體得到的事物；我們唯一擁有的，是自己的執著，而執著製造業力。這就是為什麼「渴欲」使得這個世界運行不息。

以三種般若修習放下

了知執著製造業力，是為相對般若（relative prajna）。發展般若需要不斷地觀照反省。有三種般若：聽聞有關真理實相的法教；二是思惟它；然後以此修行，從我們直接的經驗，真

切地熟悉真理實相。佛陀說：「世界是流動、變易的，不是堅實的，因執著於己之所欲，而有苦痛。停止這般緊密的依戀執著吧。」當聆聽此一真理時，它觸動了我們的心弦。我們想著，這有可能是真的嗎？我們思惟它，咀嚼它，反覆深思熟慮；我們觀察自己的行為。然後佛陀的話語開始顯得有意義——世界在不停的變動著，當我們的心嘗試要使它停頓的時候，痛苦就產生了。放下，似乎是個好主意。我們應該停止緊抓不放的心態。怎樣能去實踐放下呢？經由修行。在禪修中，我們對放下越來越熟悉。觀照種種念頭的生起，並放下它們，讓其消逝。我們像是在伸展自己的雙翼，自在輕鬆，於是我們無時不可放下。金翅鳥的伸縮自如，圓融無礙，正是放下的原因，也是它的結果。

當我們自禪修起座，可以繼續修行放下，把這修習帶到我們的日常生活中。如果我們正要陷入沮喪低沈，或開始縱容自己胡思亂想，可以回想起「放下」的無盡可能性，能使我們於生活裡飛揚，而不是被生活所壓制。這個過程需要些許對自己的勸誘哄騙，好比安撫兩個孩子正為爭著同一個玩具而打架——如果我們能夠說服其中一個孩童，她並不需要那個玩具，過了一會兒，她會產生一點般若，放下對此物的執著。她有可能馬上轉過身去，抓起另一件玩具，但是那一刻的放下，那一刻的空性，便是般若。這小孩不再生氣或執迷。

這一些放下的時刻，能幫助我們了悟，攀緣執著從來不會達到恆久的幸福快樂。例如說，對身旁的人或事物的喜愛，或

統御
你的世界

許會製造執著感；我們想要佔有自己所愛的。般若，則能幫助我們明見，一己的執著其實甚至不是針對那個人或那件物品，我們只是執著於執著之自身，如一種不經思考的反射動作。好比有時我們並非在生任何人的氣，我們只是生氣。我們的怒氣找到了一個箭靶子，然後牢牢地附著其上。大鵬金翅鳥的美德，即是放下。

最究竟的布施——放下執著

放下執著，是最究竟的布施，因為它能使我們與本具的智慧與慈悲相連結。它可以是非常簡單地，閉上嘴，不對別人大聲嚷嚷；或關掉電視機，走到蒲團前，坐下來打坐修心；也可以是清晨一大早起身，修習思惟慈悲，雖然你仍然想要多睡一點。放下，是思及別人的舒適安樂，先於自己的舒適安樂。像是當大冷天從外頭走進屋裡，先幫他人準備一杯熱茶，再倒自己的。又像是，勇敢地說出：「我愛你。」即使你擔心另一個人也許沒有相同的感受。 還有，在你認為對方應該抱歉的時候，先說：「對不起。」

有時候，放下意味著安靜不喧嚷。我第一次跑馬拉松時，起先，一切都蠻順利的。跑到第六英哩左右，我發現右腳開始長出一個水泡。那天早上我穿上一雙新襪子，這其實犯了長跑者的一條根本大忌：絕對不在比賽的當天換上任何新裝備。我該怎麼辦呢？改變我的步伐會影響速度，我必須有自覺；但是怎樣去跑完剩下的 26.2 英哩？我於是決定，繼續跑

下去，直到水泡自動破裂。疼痛的感受變成了一種禪修；過了一會兒，我把它放下。在尚可的時間內，我跑完了全程。和我一起長跑的朋友們非常驚訝我沒有提到那水泡的事，此時它已是鮮血淋漓。但是如果我在途中告訴他們我腳上的水泡，他們會很擔心，卻又不能做什麼。還是放下好。

我們通常覺得放下很困難，因為現代社會是這麼地競爭。但競爭，並不會使我們達成心之所願。競爭只會設下一個圈套，讓我們以超越他人來試著獲得某物。我們的能力如此，逼迫擠下另一個人，不見得使我們更形優秀。嘗試以大力擢升自己，希望別人失敗，來操縱控制環境，這是怯懦的行徑，不是勇猛無畏。當運動競賽的冠軍受到採訪，被問及如何是其致勝之道，他們的回答多指出一種內在的平衡和放鬆感，使之表現特佳，很少有人說是由於絕望或拼命之感，驅使他們去贏過其他人。許多世界記錄的保持者，說到當他們在創下跑百米或跳遠記錄的時候，感覺是毫不費力的。那一平衡，即是風馬，一種來自放下的、無我的、同時同體的運作一致。

發現本初善，即是自由

在我們放下之後，會發現什麼呢？會發現空間、虛空。有時亦稱之為無限的開放，無我，或空性。是不是因為我們失去了什麼、所以變成空無的？不是的。它是空掉我們以為它是什麼的觀點和概念。空性是空掉我們的種種假設，它盈溢充

滿著慈悲。此即本初善；發現它，便是自由。我們領會了各種的假設，是自己大多經驗的基礎；更發現到，當己心和世界空去這些假設成見時，我們便可如大鵬金翅鳥一般，居住於虛空之中，因爲我們是在平等心上、而非執著上來運作。

若繼續修習放下，在某一時刻，般若將揭露顯示，本來原無一物可以去抓取執著。生命的核心，是光耀輝煌的智慧與慈悲。它是空的；它已經從某事某物必得、或某事某物必要的觀念中解脫。般若賦予我們對自己痛苦的正確眼光，引導我們臻至無畏。我們於是有更多的耐心，不再如此依賴於萬事是否順遂己意。去除了對「我」之迷思的執著，我們就會快樂得多。我們感到清明潔淨，更容易親近、更能助人。這就像是當我們誠實地說出眞話時──心裡覺得清爽、乾淨，身體也更具自信。現在，我們能夠躍入虛空，高飛翱翔，因爲我們正騎乘在風馬之上，而非執著之上。

第 十 七 章

平等心之確信

當我們超越了希望與恐懼的藩籬，
便能夠與生命中所遭遇的一切從容共事。

大鵬金翅鳥的勇猛無畏，不是指我們因為挫折感、沒耐性或無聊厭倦，所以魯莽而行，毫不在乎。勇猛無畏，指的是羽翼完全長成的信心。當我們超越了希望與恐懼的藩籬，便能夠與生命中所遭遇的一切從容共事。我們的判斷確鑿，根據時事情境。雖然，把「我」放下，不見得能保護我們遠離厄運，但是它能引領我們超越一己的概念，達至鮮少有人可企及之處。這一種勇猛無畏，將帶來出乎意料之形式的豐沛歡愉——平等心。平等心是心的平衡狀態。以平等之心，我們可以平坦順暢地滑翔於日常生活中，因我們不再被負面情緒所攫取控制。

平等心是心的自然喜悅

有一年夏天，我在科羅拉多州的香巴拉山脈中心教授佛法，剛好遇上一場難以置信的熱浪襲擊。在這期間，我的叔叔丹秋（Damcho）仁波切，和我的表弟噶瑪‧桑杰（Karma

Sengay）仁波切，還有兩位僧人，第一次離開西藏以外的地區到訪美國。日日夜夜他們穿著同樣厚重的衣服，那是一種藏式的服裝，等同於一般的毛呢西裝。我一度問丹秋仁波切：「難道你不覺得熱嗎？」他回答說：「嗯，除了炎熱的感受之外，我感覺挺好的。」我理解他所說的是：「雖然有這樣的感受，而我可以執取它，或不執取它。如果我要執著於種種覺受，那麼我的生活會變成什麼樣子呢？成天我將穿上脫下我的衣服，花大部分的時間，去試著使自己舒適。與其那般，我可以坐下來，享受所有正在發生的事情。」那便是他所做的。人們總客套說：「我很高興來到這裡。」然而丹秋仁波切卻真正意味他說的。這是平等心。

平等心是心的自然喜悅。它來自於長養智慧與慈悲。當我們有足夠的堅定力量，能伸展自己的大愛到一切人之上，而無有褊狹私心時，我們便進入了大鵬金翅鳥的心境。即使那狀態只有短暫的片刻，也是好的。因為我常常接觸為數眾多的人們，我總看到許多人，與自己的心奮力掙扎著。為什麼我們必須不斷攪動事物的情況，以讓自己感到真實存活呢？擁有平等心的意涵，是我們讓它暫歇了一會。我們已經放鬆了此心；香巴拉利格登王的光輝現前，與此刻連結。

金翅鳥確知，不論我們身在何處，正在從事什麼，我們皆可感覺到利格登王的覺知——即本初善，無始無終之自由。我們的本初善，不會因希望成真而被製造成型，也不會因恐懼升起而洩了氣。它不仰賴外在的世界。它亦不隨時間的遷移而盈虧消長。以這樣一顆不偏不倚、正直平等的心，我們可

以自在地修習慈悲與智慧。

若是缺乏平等心，我們或許也能感覺到些許慈悲，但是只爲那些我們所關切的人，或是那些易於產生慈悲的對象。以這般帶有限制的慈悲形式，我們也將發展憤怒敵意，因我們不願任何人傷害我們所關心的人。我們仍然信仰那一僵硬死寂的世界，一個由希望和恐懼所制約的世界。以這種靜態的、不變動的觀點，我們想像這世界來自某處，將前往某處，而我們可以得到什麼或失去什麼。平等心能解脫一己的執著，所以我們能接受世界的本來面貌──它以本初善，不斷地遷移變化，生意盎然。

永恆主義、虛無主義，與中道

有時候我們認爲，既然我們身處現代，應該具有現代的觀點看法。然而，不管世代爲何，總有一些由兩種基本視見衍生變形的學說，反映出人類的希望和恐懼。第一個觀點是永恆主義──常見。永恆主義以爲，有一恆久不變的造物主，創造了這個地球。持此一觀點者，則相信他們的所作所爲，確實會影響今世與來生，但在他們的思想裡，則有一個高高在上的監督者，是保持永遠不改變的。

第二個觀點是虛無主義──斷見。在古印度有一個學派，名爲江噴巴（Jangpenpa）①。它的追隨者不相信業力。他們相信，你只有這一生可活，最好你活得淋漓盡致。此生唯一的規範標準，取決於你能享受的最大樂趣。誰享盡最多的歡

樂，便是擁有最好的人生。沒有前世，也沒有過去的業力。當死亡之際，身體的所有元素，分崩離析，而意識，只落得溶解消散於虛空之中。因此沒有來生。如果你過得愉快，你善用了此生；如果你過得不好——太糟了，因為你將不會有第二個機會。

另外一個觀點是佛陀的觀點。佛陀以相對和絕對的視見來觀照萬物。這一個觀點稱之為中道。人們通常誤認為「中」，指的是在永恆主義和虛無主義兩個極端中間，在存在與不存在當中的那種方式。但是，「中」所指的是此一事實：中道的途徑，凌駕超越於存在或不存在。它是一個平衡的見地。

根據這種觀點，事物存在於相對的層面——我們有名有姓，有一個地址；我們所駕駛的車子能把我們帶到餐館。我們感官覺知的對象——色、聲、香、味、觸，宛然顯現，但是它們並非本性恆常不變。從一個絕對的層面來看，它們是瞬息、暫時的，正如同昨夜的夢境。它們超越永恆主義和虛無主義的希望與恐懼，也超越了真實或不真實，存在或不存在的概念。就像是談到昨天發生的事情；對於今日而言，昨天發生的種種，已經在我們自己執意認為的——什麼事發生了、或沒有發生之外了。

中道，藏文烏瑪（Uma），以解脫自由著稱。它是從存在、和不存在——以及兩者皆是，兩者俱非的概念裡解脫 。是什麼能照見這四種極端呢？是般若智慧。般若被稱為「最佳的知識」，因為它能帶領我們，不由透過「我」的障蔽面紗，而去

直接體驗現實實相。金翅鳥的平等心，能產生更深層的般若。我們以執著心所製造出來的投射影像，當以般若的智慧之劍，割裂了一點妄想幻覺的組織建構時，這些影像就會顯得越來越薄。結果，我們漸漸超越了以二元論來感知事物的方式。此一經驗即是「空」。它空掉了概念和二元對立性。金翅鳥孵化時就已經羽翼豐足，且能振翅飛翔，因為牠對於躍入當下此刻的開放空間毫無畏懼。牠可以高飛於對一己之投影的攀附執著之上，直上平等無私心的天空。

平等心的範例——兩種證道者

當我們想到過著沒有執著的生活，我們也許會思及印度聖雄甘地，或是一位隱居山洞的瑜伽行者。然而，佛陀教導了兩種世間生活模式，代表了大鵬金翅鳥之平等心的例證——一種是覺悟證道的禁慾苦修者，另一種是覺悟證道的統御者。他們兩者皆摒棄了執著，所以沒有說誰比誰高一等。他們也都利益眾生，可是採取的是不同的途徑。打個比方說，雖然佛陀拋棄了所有物質的專屬擁有，然而，他是他世界中完完全全的統御者。香巴拉的第一位國王，達瓦・桑波，即使他住在華美的宮殿裡，但他已全然地開悟成正覺。不執著，是一個見地，不是一種專業。它來自於看清我們自己和我們經驗的虛幻性質。

作為香巴拉的國王和皇后，我們使本初善具體化呈顯：深奧、光燦、正直、堅強有力，以及一切全勝。由於拋棄了對

「我」的執著，我們以自身在此世間的展現，來反映那種確實信心：我們穿著合適，飲食恰當，思想良正，居住得宜，因為我們尊敬自己屬於真實人類的尊嚴；這樣的一個人，能夠培養「日吉」——內在的信心——致使風馬生起，帶來包含平和、快樂，與物質豐裕繁榮的成就。然而，我們的力量並非來自外在的財富，它來自於深切了知：並沒有任何一件事物，可以被贈與或被拿走。大鵬金翅鳥的平等心，已經形成了個人力量的場域。

在西藏，這種力量的場域，稱之為「汪淌」②。「汪」（wang）的意思是力量，「淌」（thang）的意思是寬闊廣袤之場域。「汪淌」是由真正的財富中產生的「真威相」，而真正的財富，則來自於對空性和慈悲的了悟。遠離執著之心，我們解脫自由，進入萬物本來面目之神祕、神奇。我們得以看見其他人的執著，因執著之故，他們經歷著苦痛。我們也了解到，在一個無所畏懼的時刻裡，我們終能以仁慈、欣賞、和愛心，來親近所有的眾生，於是我們便能夠在任何時刻，任何地方，皆感到幸福快樂。我們的愛，自偏見的牢籠中釋放開脫。就像是大鵬金翅鳥一般；這世界不能侵犯我們的自由自在。以此力量的場域，我們吸引所需的諸多助緣，向前邁進。我們聚集了富足豐饒的爪拉。這世界恆久富足；不論我們看來似乎得到了或失去了什麼，它仍是一樣地富足。

平等心是離於執著的信心

平等心是離於執著的信心。它需要修習訓練，特別是當我們仍然受到輪迴之高低起伏的愚弄欺騙。培養平等心的最佳方式，是把心帶回到：我們自己和世界之流動的本質，種種外相如夢般的質地。一切事物都在不停地遷移變化著。我們對朋友的憧憬熱望，可以在一瞬間由愛意轉成憤恨。我們以為能讓自己快樂的原因，從這一刻到下一刻都變化不同。明天將發生的，在今日，只在我們的心中發生；連同昨日曾經發生過的，亦只是在今日，在我們的心中存在。

當金翅鳥看見，此心並非是堅實不變的，牠也看到世界並非堅實不變。就本性而言，所有皆是空性與慈悲。當我們如此觀照世界，就不至於被二元對立所迷惑困擾。而今我們能跟隨金翅鳥之典範——一躍而入虛空之中。做一些勇猛無畏的事。不管任何事發生，接受它們，視其為事物本然之自生的智慧，用它們來滋養智慧與慈悲。

勇猛無畏，可以是在捷運地鐵列車裡，對坐在我們身旁的人微微一笑；或不總是作些頑固而缺乏餘地的計畫；也可以是理解領會到，我們的生活，以及生活的意義——並不只是取決於多少事情順我們的心或逆我們的意。既然我們周遭的人們也許仍生活在希望與恐懼當中，我們需要有很大的勇氣來作這樣的跳躍，而我們也不應該對勇猛一躍愚蠢無知。例如說，如果不知道下一步是什麼，就毅然決然地辭掉自己的工

作，這不見得是勇猛無畏；知道這是一個合適的時機，然後決定要辭去工作，才是勇猛無畏。

在我們的生活中持有金翅鳥之道，即便是在最艱難、最具挑戰性的情境底下，我們會擁有完整的視野與展望。我們了知存在的實相，慈悲的花朵燦然綻放，而「日吉」——光耀輝煌的自信心——賦予我們一個力量的場域，於其中，我們得以伸展雙翼。我們開始熾然地放射出光熱，因此更能吸引我們所需的一切，爲風馬增添燃料，而風馬——對本初善的信心，於是能帶來眞正的成功和安樂。

譯　註

①Jangpenpa，藏音：此即六師外道中的「順世外道」（梵文Lokāyata）。由Ajita Kesakambalin所領導，只求現世享樂的唯物論者。其後亦稱爲Carvaka school。

②Wangthang，真威相，請參本書第一章之譯註②。

第 五 部

龍之道

第 十 八 章

了知無我之德行

> 放下「我」的概念，即是解脫自在的特質 。

有天，當我的朋友喬恩，和我，在蘇格蘭高地上練習長跑，經過一個山谷的時候，看到遠處出現一隻身軀碩大的狗兒。喬恩和我開始忖度如何可以避免被這隻大狗攻擊的策略。我們應該跑開嗎？我們已經在跑了。爬上一棵樹呢？視野中見不到任何一棵樹。等我們接近了這隻「狗」，才發現到它不過是一塊巨大的石頭。我們自我解嘲了一番，繼續練跑。我們剛剛所作的，是在自己的心中製造了一個物體，然後以恐懼來回應它。我們對一己所投射出的影像感到害怕，而這一投影，其實是從無明、無知之中產生的。當我們觀照到錯誤的那一剎那，恐懼立即消失無形。我們的寬心和解脫，來自於看清事實的真相。照見事物之本然，是為般若，亦即是龍之自生的信心。

龍——明見萬物的深邃智慧

龍，是一個統御者、以及大修行人的象徵。牠代表終極的智慧、自信和力量。龍的特質，多少帶有一些不可測度的、不

能被理解的成份。牠有巨蛇的形象，然而牠卻能飛翔。向來有許許多多關於龍的傳說故事，但是誰曾經親眼目睹一條龍呢？藏文裡，雷鳴是「祝抓」（drukdra）——龍之聲。如同雷鳴一般，龍的智慧使我們覺醒。它能粉碎概念性的心，把我們的不安全感連根拔除。

龍說：「我在你自心的深處躍舞遊戲。讓我出來吧！」龍的心是不能被忖度、測量的。它是無法被解讀的。它自然地安止於東方大日之中——般若智慧之中。以般若，我們的心超越空間的限制。香巴拉教法描述龍的心是「無法被箭刺穿的空間。」龍，即是精確地明見萬事萬物的深邃智慧。它見到我們是如何地總在嘗試使種種外相成爲「事物」，在流動的過程裡，投射出一個堅實的世界。我們說：「我有一個自我。我存在。」但是並沒有一個「自我」，是以我們所理解、感知自我的方式來存在著。就像是我錯認一塊石頭爲一隻狗，我們始終誤以爲自己持續變遷的經驗是一個堅固的自我，或「我」。當我們繼續靜坐，禪修，和思惟，便開始了解，我們本具的智慧一直試著要我們醒覺於此一眞理實相——實相是規避隱晦、難以捉摸的，如同我們的出入息，或如龍之本身。

我們可以從思惟佛陀的教示來著手：我們所想像的、堅實而持續的自我，實際上，只是一堆原料的聚集——積聚。它是血液、骨骼、記憶、情緒、思想和感知的結合。當我們經驗這由各元素聚結而成的團塊，無明說：「我想我將稱此爲『我』。」我們製造了一個幻影，並且賦予其名稱。不僅這幻

覺是透明的、如夢一般的，我們因它而造作產生的事物也是透明而如夢一般的。有如觀看雲朵變幻成爲龍形。我們知道那不是眞的一條龍，我們也知道雲並非實在、堅固的，但當我們見到那個形狀，我們賦予它一個名字──一個可以被識別認知的名字。

那一刻，當我們誤認各種積聚的集合爲「我」時，執著生起，恐懼生起，驕傲生起──而我們便相信了「我」的存在。這一投射，迫使我們以某一方式來感知整個世界。我們想：「我是眞實的；他們也是眞實的，」跟著的念頭便是：「如果我是眞實的，而他們從我這裡拿走一些東西的話，我就要大發脾氣了。」我們因此無明而飽受痛苦。痛苦，是因爲不知「無我」的迴響；「無我」即是龍之德行。

在佛陀開悟成道後的第一次傳法中，他已經陳述了這一個特別的要點。生命是痛苦的，因爲我們是自我偏執的。有時候我們想，「如果我不感受到憤怒和妒忌，我就會擁有平和。」事實上，負面情緒，只是誤以爲有一個「自我」之存在的具體化。每一回我們感覺到苦惱煩躁，或執著攀緣，我們正是在經歷自我耽溺。

尋找自我的蹤影

若我們能對此仔細思惟，將領會到它是眞實不虛的。憤怒、慾望、妒忌──所有的負面情緒，都根源於對「我」的執著。然而它們不過是在打一場只輸不贏的戰爭，因爲並沒有

一個「我」的真實存在。如果有一個自我，它在哪裡呢？思惟無我，顯示了：搜尋「我」，就像是在試著尋找地平線一樣。它看來像一條直線，從遠處觀看，它是一個明確清楚的地理參考點。但是若我們被要求去精準地指出它正確的位置，我們將會環繞著地球走，永遠也找不到它。我們所能找到的，只有來來去去、起起伏伏的心情、情緒。這些情緒也是無我的；它們會來來去去，是因它們是在一個不穩定的基礎之上。除了這個我們以一己驕傲的見地，來勉力維繫的自我，這視自己是一個分離、而獨立於其他一切——或許比他們還優秀一些的自我——之外，沒有另外的自我。這迷惘——於其中驕傲因而生起，總是在對我們說著謊。我們正使一朵雲凝固成一座山。若沒有這層困惑，便沒有對自我的信仰，因為當中無有自我迷戀。

即使我們談到無我時，心也跑到「我」的上頭。我們想，「我是無我的，」但是，一切事物都是無我的。說「一切事物都是無我」，就好像是稱那塊石頭是「無狗的」。這或許給我們一個印象，某時曾經有一隻狗在那裡，然而，從來就沒有過狗的存在。是我們對「一隻狗」的概念在那裡。同樣地，我們說每件事皆為無我，但「自我」從來就不存在。只有我們對自我的概念存在著。當我們覺悟到，無始以來我們就是無我的時候，所缺掉的是什麼？是那概念性的心，集中一切到「我」上，再向外投射出一個堅實而分離的世界。我們以為自己是誰、這世界是一個怎樣的世界，其實是我們以己心製造出來的概念。我們在心中創生了一個概念，並且信以為

真。我們信仰有一自我的存在，便是這根本無明之最明顯的例證。

龍的智慧，要求我們去思惟，為什麼我們總嘗試著使得事物如此堅固不變。我們想要結合、凝聚起來的，是什麼？椅子不會說它是一把椅子，我們的手臂、腿、和胸部也不會說：「我就是『我』。」是我們的心，編織所有的元素：我們的身體、情緒、感官覺知和判斷，使成一個堅固的實體，叫做「我」。「我」是心理的組織建構。其實沒有「我」的存在，而這不是問題。能照見此，而且放下「我」的概念，即是解脫自在的重點。什麼被解脫自由了呢？是「龍踏」——即風馬——還有智慧與慈悲的如意寶珠。

大樂——一顆超越於妄執自我的心

因為負面情緒根源於無明，有時很難去察覺我們正受到它們的影響限制。為了能觀照負面情緒，我們需要般若，也就是從老虎的專注與覺知中生長茁壯的般若。般若因獅子的戒律和歡喜而變得更為充實。以大鵬金翅鳥銳利之眼，它能認知每當負面態度推倒了我們，讓我們喪失穩定平衡的時候。當我們遷怒責備、固執攀緣、競爭或抱怨時，般若能夠照見這些自我杜撰的徵象。它知道在這些時候我們應該怎麼做：生起慈悲和勇氣，擊敗恐懼之不屈不撓的毅力。恐懼不過是缺乏般若。般若和慈悲，是最究竟的爪拉，因為它們像雷射激光一般燒穿負面態度。其結果，是大樂，極大的福佑，一顆

超越於妄執自我的心。

當我的上師要我找尋「自我」時，一開始，我想：「多傻的一個問題。我就在這裡。」但在我試著去揣摩「這裡」確實在何處，它變得微妙而難以處理。我假定了一個「這裡」。我的身體也許現在正坐在椅子上面，但是那個當我只有三歲大時的身體，在哪裡呢？那個昨天我以為的「自我」，又在哪裡呢？我的心在哪裡呢？西方人認為心在頭部；西藏人以為心在心胸。在搜尋心的時候，我發現心似乎是在許多地方。有時候，心在喝一杯水，有時候，心憶起夏天游泳時，拂面的微風。在此一思惟修之中，我觀察到「自我」，遠比我所想的還難以捉摸。這於是開展了我的發現旅程——發現到我的種種經驗，並不如我所假設的那麼真實和堅固。對那一預設的概念產生疑問，便是我的上師要我去做的。

我的上師然後指導我思惟一切外相——所有我能見的、可觸摸的、可嗅的、聽聞或品嚐的事物，這當中，哪一件不是由心所生？我所得到的結論是，假使我的心，不在這裡經驗著一切外相——如果上師所述為實——而且產生、造作它們，那麼，若有某物不由心所生，我將無從得知（譯註：無心則無相，心生則法生）。我的上師要我理解心的力量，以及心是如何地造作出整個環境。我們以為有一個「自我」，其他事物皆與自我分隔開來。但是，並無有一個「自我」，而且沒有一件事物，與「無我」區別分離。

每回我要人們思惟無我，他們的反應，往往好像是我在要求

他們賣掉自己的房子，或捐獻他們的全部家當似的。如果有一個自我，以我們所想像的方式存在，發現無我，就會像是在拍賣自己的房子。然而在佛教徒的傳統裡，發現無我，被稱為「圓滿完全的喜悅歡欣」；而不是被稱作「這事既不公平、又不合算」，「我最好回到床上睡大頭覺」，或者是「這真使人提心吊膽、意志消沈」。

我記得，有一日我從蒲團上起座時，被這個世界外相的透明度所深深觸及、打動。那並不像是身處一個夢境，或是在天界裡；我感覺到一種有如介於堅穩地性、與流動變易性之間的平衡感。我再也無法使每一個思想、每一個字眼、每一個外相，成為堅固不變的，因為我自己和我周遭，每一件事物瞬息、短暫的性質——缺乏實體的性質——是如此鮮明生動。我的心感到輕快活潑，充滿歡愉，因為它是開放的，自概念的束縛裡自由解脫。

當我們將自身與世界區隔分離，並想像「我」一定得戰勝世界時，我們就是以為有一些事是必須被自己所征服、擁有或操縱控制的窮漢。因為我們使世界客體化，我們視它為威脅，防備自己以對付它。以了知無我之德行，我們使這世界恐嚇、混淆我們的能力受到破壞。真正統御我們的世界，是見到世界之本然——不斷變換著外相，而這外相，我們用各種假設和期待，費盡心思去試著凝凍它們。它們本是波動和分子，有如「我」的幻影，我們卻視之為真實與堅固。龍的無我，明白知曉這世界雖然宛然顯現，但其心髓，所有外相皆是空的。就實相而言，沒有世界可以被統御。我們是在統

治一個夢；而一切眾生，皆在分享這共同的夢境。

發現無我的本質，並不是有一個類似紀念碑時刻般的「我找到了！」的質地，它比較像是一種持續的、不知所措的困窘感，好比是我們頗有自信地認為車子的鑰匙就在自己衣服的口袋裡，卻東找西找也找不到它的感覺；或有如超級市場重新裝潢，每次購物我們都得到不同的甬道去尋找要買的東西。那種有點啞然、愣住了的經驗，正是智慧的開端。我們不再相信負面情緒告訴我們的一切，因為般若使我們與更深的智慧和諧同調。我們開始看穿一己的無明──我們每天維持的監視狀態，用以確認自己以某種恆常不變的方式存在。然而，當我們觀照己心，看見它是一個流動的情境；觀照世界，看見它也是一個流動的情境──我們對永恆的期許就被推翻了。

穿透實相，瞥見無我

要瞥見「無我」，我們需要能穿透實相，如同所有覺悟的統御君主曾經做過的。如果我們要統治自己的世界──產生慈悲，而無執著──我們也必須著手從事這艱鉅的探索。起始點是我們的思惟修。清晰明見事物在相對層面的真貌，帶領我們朝向事物在絕對層面的本然實相。它能寬解我們的妄心，讓般若顯露浮現。我們能夠靜坐思惟：「如果我有一個自我，它在哪裡？它在我的裡面、還是我的外面？」在我們思惟時，一點點般若會冒出頭來刺探；有種也許自我並不真

的在那裡的感覺。我們暫時放下了自己的概念。我們正對實相投以一瞥。在西藏，人們往往寫下詩歌，作爲這種經驗的見證。

我們只能經由思唯一個像「自我」的概念，來體會空性的實相。把我們的心置放在此一概念上面，並思惟它，這有如乘著太空船飛向太陽，太陽即是智慧。當我們越接近太陽，智慧的光熱將使得那概念起火燃燒。最後，沒有任何概念留存，我們於是體證那空的、萬事萬物不可掌握的本質，超越存在，不存在，兩者皆是，兩者俱非的四種極端。這是我們如何企及理解空性之道。以概念，永遠無法臻至智慧，但是我們必須運用概念去達到那裡。

若有一位上師爲我們指點出眞理的方向，給予我們一個描述，使我們能明確見道，這是很有助益的。例如，「如果對無我的確實認知，長得像一個人，它看起來會是這個樣子。」思惟修，便如同照了那張照片，並找到那個和照片一模一樣的人。一旦我們找著了此人，我們應該做的，是與她住在一起，更親密地了解她，並且和她結婚；我們的結合，因第一個孩子的出生，更形強固，而那出生的嬰兒，就是我們的覺悟。這是說，我們已經內化了無我的眞理實相。通曉一件事物，我們將通曉萬事萬物。我們不再受到愚弄。以絕對般若的光芒來觀看世界，亦即以東方大日的光芒來觀看世界，我們知道，所有一切皆爲本初善。而這，便是皇家尊貴莊嚴的見地。

第 十 九 章

智慧的光耀信心

> 比起一顆被希望和恐懼所攫取的心，
> 龍的心所宣說的，是一種完全不同的語言。

坐在西藏的一個高山巖洞裡，向下凝視綿延無盡的山谷流域，我明白了為什麼西藏被稱之為「世界的屋脊」。 遠遠下方，牲畜和村民漫遊終日，他們的視野見地，被谷地的障蔽與生活的需求所侷限。自連綿的山峰高處開展我的心，我沒有遭遇到任何阻礙。我的心感到寬廣自由，反映著天空的浩瀚無垠。這廣袤之處、也正是蒼天與大地交接之處，便是龍遊戲玩耍的地方。

龍之深奧——廣大難測之心的深度

當我第一次抵達西方，聽到騎士屠龍的傳說故事，我很受震驚。在西藏，龍象徵的是難以理解的深徹奧祕。「深奧」，即是我們浩瀚、難測的心的深度。去了解深奧，是去了解本初善。它是自生的，既無開始，亦無結束。它超越情況條件的制約。在每一個情境中，它都是全勝無敵的，因為它不是被製造出來的。它切穿所有的概念。以深奧，我們可以照見、

並看透人們的把戲，這把戲如同他們的各種操縱伎倆，是他們所穿的一套服裝，來遮掩覆蓋其本具之本初善。理解現實實相，我們不再輕易受騙上當。

比起一顆被希望和恐懼所攫取的狹小心懷，龍的心所宣說的，是一種完全不同的語言。幽閉恐懼的心懷，無法讀取深奧智慧的符號；因為它相信有「我」，因此它訴說的是憤怒、侵略性的語言。如果我們充滿忿恨或嫉妒，遇到一個充滿慈悲的人，很簡單地，我們就是無法了解他的調柔和慈愛。他棲止於龍之光耀輝煌的心，而我們被黑暗時代的「墜撲」所折磨困擾。當我們終於能夠放鬆的時候，才明白我們的憤怒真是所為何來。從一個距離來看，我們甚至能看見其中的幽默。而今我們向上提昇了這一顆心；它更接近了龍的本質。我們感受到心的寬闊巨大，對自己經久沈落於幽谷的深淵，驚訝不已。

龍的智慧，超越二元對立。看清二元對立的幻象，是說我們已與世界成為朋友，不再區分世界為「這個」和「那個」，或「我要的」和「我不要的」。我們視智慧為一己與他人之本然實相。當某人走進房間，我們不會受到威脅，反而感到好奇。用老虎、獅子、和金翅鳥的策略，我們已發展了與自心的精密聯繫，也對世界更加坦然開放。現在，以龍的心，我們敞開、接受世界所展現的一切，對其中每一個細節，都覺得興味盎然。這開放的心和周密性，便是無畏無懼的成份。與其護衛自身，對抗他人，我們覺得要探索究竟：他們如何說話？如何舉措？如何呈現自己呢？

在面對、處理自己的心時，我們於是明白，我們都有一個小陰謀，稱作「我」。而今我們能夠清楚地在他人身上看到這點。譬如說，她總是搭配太過合宜，太完美主義，或那裡有一種故做輕鬆的氛圍；或是，她也許想幫忙，卻被自己的猶豫給絆住腳；或者，有一些事她沒有明說，有些不甚直接了當之處，她想要擁有權力、被認可確定，還是想要落得清靜？我們運用相對般若，對正在發生的情事明察秋毫。當我們見到他人玩的把戲，我們對那亦感到好奇，而不使之堅實固化。我們的智慧來自於，知道自己可以從她的身上學到許多，因此能夠幫助她。與他人共處共事之同時，也是在與一己共處共事。這便是空性和慈悲。不再是「我」相對於「你」，那界線已經消融泯滅。

心的天空，是老虎的知足，獅子的喜悅，和金翅鳥的平等心的結果。我們常住於一個非常廣大的地方。因我們以精進、戒律和布施，持續地跨越超出「我」的猶疑，所有的一切，都具有可能性。我們欣賞每一個人，每一件事。以龍的無我，我們可以讓每一親身經歷產生動力，激勵自己在信心之道前進，如同風使帆船航行。我們自然地放射信心，就好比是陽光照耀萬物。我們不再攀緣於一個希望和恐懼叢生的概念之上。

一佛覺悟，見一切皆覺

佛陀說，「而今，讓我們思惟：我們皆是佛——完全覺悟的

眾生。『佛』的意思，是覺醒。」一佛覺悟後，見一切皆是醒覺的。像是從一個非常深沈的睡眠中醒過來——世界看來不同了。那便是「清晰明見」，觀①，其最卓越崇高的能力。我們下結論，是的，我們是醒覺的、一位覺悟的君王或皇后。對我們存在之巨大的確信，是龍之智慧心，亦是東方大日光輝明亮的智能慧性。

以龍的智慧心，生活本身變成了能量的來源。我們涉入生活越多，就擁有更多的精力與能量。我們實際上變得更年輕，因為我們更少負擔，更少厭煩疲倦。當我們開始從事一個新的計畫，或剛認識一個人，我們不會想，「又來了。我已經做過一百萬次同樣的事了。」我們有一顆開放的心，真誠地、持續地參與涉入，沒有任何的先念。

龍與每一個情境的元素共舞。當人們怒氣騰騰時，我們感覺有意趣，因為我們理解，讓自己發怒的是我們自己的暴躁易怒，而它其實是流動的、空的。其他人不能明白，為什麼有人可以是這麼簡單、這麼快活。他們坐在同一個桌子上，感知我們所感知的一切，但是被自我保護的心所掌握控制，他們感知這個世界是堅硬的，不友善的。因為他們身處痛苦之中，他們的心覺得緊張固著，而那剛好是寬闊的相反 。

其他人甚至以為統御者的不可測度是怪誕的，與現實無所關連的。「我」的心態，無法了解龍的深奧實相。但是龍能理解「我」的心之苦痛。對於那些其心被疑惑所折磨的人們來說，現實是不穩定的，因為它天天都在變易著。從龍的觀點

來說，這些人看起來如同孩童，對無甚有意義的事情感到快樂和悲傷；又像是發了瘋的人，追逐妄想幻影，雖渴望表達他們的愛，但卻承受無謂的痛苦。因此之故，我們應仁慈憐憫，試著覺醒他們的廣大浩瀚。

龍的心——與環境和諧一致

龍的心，感覺與環境和諧一致，這能讓我們用一種最基本的方式來感知世界。就像基本的元素，龍的自信，不必被造作出來，或被勉力支撐著。這種智慧，見水是水，土是土，火是火，風是風。我們對各種變易不會太驚訝，而當變易來臨之時，我們可以像水一般順應流動；如果，應當如土石一樣地堅硬不屈，我們也能夠堅定而不動搖；當熱烈的高昂感是必需的時候，我們便可像是所有火之火性；我們亦能隨著德行的風而舞動，以提昇每一個情境；我們或能在虛空中安止，順適調節於任何事物。這就是統治君主或皇后的力量——一切勇士中的勇士。

當我們接通我們基本的豐饒富裕時，會體會到一種完完全全的授權加持感。我們如同被連接上「日吉」的電源，一己存在的明耀光輝。我們能從心所欲——不是因為我們算計出怎麼樣來支配控制每一個人，而是因為我們無懼無畏。我們的風馬完全地被釋放解脫。以這般的自信心，未來，便掌握在自己的手中。

龍，有時被呈顯為握持著昌盛繁榮的寶珠。這是覺悟君主與

皇后的心靈與心智。以龍的智慧，我們發現利格登王和我們自己，實無二致。我們的智慧、慈悲、和勇氣不再只是一個神話迷思。一旦我們擁有這顆寶珠，生活變得充滿福佑。因為我們的全然開放和周密精確，因與緣油然聚集生發，如同自然元素一般，創造出成功與完滿成就。

譯 註
①Clear seeing：即是止觀之「觀」。梵文 vipashyana，藏文 lhakthong。

第二十章

吸引幸運

> 一顆了知它自己深度的心，
> 能夠看清世界之光輝的、基本的神奇。

以龍的無我和智慧，我們處於一個穩定、開放的空間，不再因二元對立的錯覺而擾亂失序。我們開始敏感於纖細而微妙的環境能量，而它們也變得對我們有感覺；因為我們的感官覺知，開放遍及所有的領域。當我們注意並接收到他人的痛苦，便能夠結合般若的直覺智慧，與慈悲的實用可行。我們的風馬是強壯的；我們啜飲「日吉」的信心汁液，把它當作早餐。此時，我們能夠判斷各種情況機緣，下適時而恰當的決定，以給予新的企圖、最大可能之成功的優勢。因為自身與環境相調和，環境反映出我們所下的決定；有時，它在我們面前關起一扇門，有時它提供我們向前邁進所需的一切。如高爾夫名將班・侯根（Ben Hogan）曾經說過的：「我練習得越勤，就越幸運。」在西藏，這幸運稱之為「泰席天助」（tashi tendrel）──吉利的巧合。

泰席天助──吉利的巧合

當我造訪西藏時，人們總不斷地送給我禮物，這是一種與喇嘛結下業力因緣的慣常方式。既然我被視為前世米龐仁波切的轉生者──他是西藏最受尊崇的上師之一，許多人都希望能藉此機遇來結緣。他們饋贈我馬匹、成群的犛牛、布料織品、穀物和土地。我一直告訴人們，雖然我很感謝他們的善意表達，但這一趟旅程，我只是來拜訪和觀摩的，不是一個收受貴重大禮的時機。

在這趟旅程將近終了的時候，我們抵達了瑪覺朋惹（Magyal Pomra）山谷，那裡是傳說中的勇士國王──我的先祖，格薩王──曾經駐錫與統治之地。除此之外，當前世的米龐仁波切到達這一地區時，他告訴人們，有一天將再度返回此地；因此之故，當地的居民把我的蒞臨，當作是他允諾的實現，他們捐獻了一座山峰和谷地，給我將來建築寺院之用。在他們熱烈的要求之下，我只好表示，我將攀登至此山的頂端，如果屆時我見到任何吉祥的徵候，便會接受他們的禮物。於是我開始登頂。在我達到山頂的時候，三條彩虹驀然出現，這讓我處於一個非常尷尬的場面。所有的信眾和僧侶都燦然微笑，我別無選擇地只好收下這份大禮。

佛陀開示說，所有的事物皆相互依存；沒有一件事是單純地、自主地生發。我們的行為處事越是切合於智慧與慈悲，我們的生活就變得越吉祥，有如爪拉獻給我們一份禮物。以

具德之行，精進自身服務他人，我們將被和諧融洽以及好運道所福佑庇護。

「吉利的巧合」能呈現各種使自己更加覺醒與悟解的情境，導引我們臻至歡喜和解脫。它們能領導我們親近一位精神導師，一個愛人，或一個將改變我們一生的朋友。例如，詩人艾倫‧金斯堡（Allen Ginsberg）①與我父親創巴仁波切的邂逅，是在紐約曼哈頓的街道上，同時招呼同一部計程車；日後，創巴仁波切成為金斯堡親近追隨的上師。

吉祥徵兆──世界與我們的交流

當我們繼續在統御之道上接受訓練，吉利的巧合，就會更增加。一顆了知它自己深度的心，能夠看清世界之光輝的、基本的神奇。這世界與我們溝通交流，因為我們是可以被接近的，就如同春天的花朵；機緣成熟，花朵便綻放。智慧與慈悲使我們與生命協調一致，而環境因此反應唱合。

每一個有吉祥徵兆相伴的情境，顯示出我們可以向前邁進──不是往後、或往左往右──直向東方大日的無盡光明。因與緣以如此方式相遇，我們於是了知，這是或不是一個採取行動的最佳時刻。當我們有足夠的覺察，看清這世界所展現的一切，各種的情況能告訴我們，何時是適當的：興建房屋的時機，開始進學修業的時機，或擴展生意的時機。

在西藏，通常當人們開始閉關修行以前，他們考慮所有可能

的徵候，指示出什麼時候、什麼地方，是進行閉關的吉日與吉地。如果我們察看一個特定的地點，而剛好有一個人獻給我們一朵花，或我們不經意地在那裡遇見一位朋友，那是「天助」。或者，某人出乎意料之外地，對我們說了一些具鼓勵性、正面意義的話語；這些徵兆也許代表著，這是一個在此處閉關的良好時機。同樣地，如果在我們勘測一個閉關的處所時，突然之間一個燈泡燒壞了，或見到地面上有一隻死鳥，或是聽到人們爭執的吵鬧聲，我們大致可推斷此地是不適合於閉關的。一位高層次的修行者，他的禪修沈穩根深，比較不會受到環境的影響，有時他還會特別找一塊障礙重重之地，以使自己的修行更為茁壯。但是對我們大多數人而言，一個具有邀請性的、良善的修行處所，則是極端重要的，因為我們已經有太多的困難和阻礙必須要去克服。

若我們氣勢洶洶地面對、處理自己的困難，以為我們只要強力推迫，總有些事情一定會對我們讓步，我們將變得自負和頑固。「墜撲」障蔽我們的眼界，而我們將難以接收世界傳送給我們的訊息。我們是這樣地被匆忙和擔憂所纏繞盤據，即使已經不再下雨了，我們也沒注意到，手裡還是撐著雨傘。像這種時候，我們並沒有活在當下，聆聽世界所要告訴我們的事。

聆聽世界告訴我們的訊息

有一次，在追隨我的上師欽哲仁波切研習數個月之後，我預

備回到西方國家。那天，我出發到加德滿都的機場，一路都是阻撓不斷。首先，我經歷很大的麻煩才到達機場，其後，當我在機場時，通關人員百般刁難我的護照和行李。因為我已決意要教授一系列的禪修課程，我不顧一切，堅持向前。在履行職責的急促緊迫感之下，我沒有明見到環境正試著告訴我的消息。

當我終於坐在飛機上，感覺是如此輕鬆。然而，在尼泊爾和印度旅行，除非你已經到達了目的地，你無法確定是否真能抵達。飛機在跑道上滑行的時候，突然間，我們聽到砰然一聲巨響——那種你搭飛機時永遠不想聽到的聲響。駕駛員在尖銳刺耳的聲音中緊急煞住飛機，距離跑道終點只有十英呎——在加德滿都，跑道的終點意即掉入極高峻的斷崖峭壁。飛機的一具引擎爆炸了。在飛機轉頭朝向候機航站大樓滑行之時，所有人都全然地安靜無語。我們非常幸運，沒有人受到傷害。

立刻地，我把這消息報告了欽哲仁波切，告訴他剛剛發生的意外。他的回答是我應該馬上返回寺院。這表示有障礙的阻撓；特別是在陰曆年底，被視為是一個更動變換的時節。我即將教示智慧和慈悲的法門，這亦可能招致阻礙，有如佛陀當年傳法時曾經遭受的困難。

仁波切要我把啟程日期延遲三天。在這段時間當中，我們做了種種修行和法會儀式，他並且為我加持灌頂，以增強我的風馬，清淨我的眼界，和驅除障礙。我們還舉行了「拉桑」

（lhasang）許多次，這是一種焚燒杜松枝葉，薰煙以潔淨的煙供儀式。儀式結束後，我感到活力充沛，重新更生。現在似乎覺得是啓程的時機。以一顆放鬆的心和充滿生氣的風馬，我以無比的熱誠開始了新的一年。

「當下」是力量與神奇的泉源

吉祥的事件表明了，我們的心，開始放鬆、安適於當下此刻。當我們能夠放鬆，便能領會，除了當下，別無其他。我們以爲的過去，只是現在此時的一個回憶；我們以爲的未來，則是現在此時的一個投射、投影。龍的智慧告訴我們，舒緩腳步，放下，活在當刻，因爲那裡是所有力量與神奇之所倚。

我的上師們所涵蘊的、可敬畏的力量，總是深深打動我。如是純正的威儀──汪淌──吸引吉祥幸運。這並不是所謂的個人魅力，那是隨著一般的成功與失敗而來來去去的。有些時候，這力量顯得溫柔而深沈；另外一些時候，它卻像是蟄伏的火山般散發熱力。這些上師和通常的重要人物是大不相同的。他們儀容的顯現，既巨大又平穩。有時仰望他們，就像是在凝視太陽；他們的光輝是完全地豐沛強大而勢不可擋。他們力量的來源，是對己心的深刻了悟。既然他們貢獻生命以造福眾生，我確信在某種程度上，這些上師爲每個人吸引「泰席天助」的幸運。

當傑拉爾德‧紅麋鹿（Gerald Red Elk），北美印第安蘇族的

藥師，前來面見我的父親創巴仁波切時，我們正在香巴拉山脈中心進行一個禪修研習，參與的成員都住在營帳裡。這是兩個偉大智慧傳承的相遇。它是非常戲劇性的。先是有一場氣勢非凡的大雷雨，清淨了整個氛圍；它是這麼強烈，大家都感覺到某件重要的事將要發生。傑拉爾德・紅麋鹿抵達的那一刻，雷雨止息了。每一朵雲都消失了。當紅麋鹿與創巴仁波切，這兩位勇士，互相碰觸他們的額頭，歡迎彼此之時，是在一個朗朗晴空之下，就像是新的一天。我們知道，這聯結已經達成，而那是吉祥的。他們二位皆處身於德行的發電廠，而他們的邂逅相遇，以閃電和陽光，照亮了整個穹蒼。

統御 你的世界

譯 註
. . . .

①艾倫・金斯堡（Allen Ginsberg，1926～1997）：美國披頭世代（Beat Generation）重要的詩人，以反戰著稱。他對美國六〇年代以降的文化有重大的影響，是為披頭運動與嬉皮的橋樑。艾倫・金斯堡熱衷修行佛法，曾追隨創巴仁波切十數年，視其為上師，尊敬不渝。他生命的後半生，約二十年的時間，任教於紐約布魯克林大學及創巴仁波切所創設的那洛巴大學。

第六部

統御者的信心

從基礎開始統治

> 在我的身體內，已經含有這種難以想像的信心
> ——知足、喜悅、平等心與智慧。

這一簡單的、對四種信心的思惟修法，是有一天早晨，當我在作例行的晨間鍛練時誕生的。我發現，老虎、獅子、金翅鳥和龍，並不只是啓發我們朝向統御之道的概念而已，牠們的能量，在我們的身體內反射出來，而身體正是連接蒼天與大地的起始點。此一修習法門稱之爲「基礎龍踏」，因我們練習此法時，是以躺臥在床上的姿態，放鬆，眼睛閉著。我們可以運用此法，生起風馬，然後起身展開我們的日常生活。

老虎——橙橘色——知足的信心

我們從足部開始，想像我們的雙腳是老虎，牠的象徵色是橙橘色，代表滿意知足的信心。知足來自於能明辨洞察和認識欣賞。老虎以其巨大而厚實的足掌，在叢林間行動，穿越大地及草原。牠小心翼翼地前進，並不是由於有所畏懼，而是因爲牠尊敬環境周遭，所以牠如實存在於每一當刻的步履之中。作爲一名統御者，我們完完全全地尊崇德行使我們前

行，而無德之行使我們倒退之理。我們了知，從一顆「我能得到什麼好處？」的心來統治，是不可能帶來任何幸福安樂的。

有時候我們明知不該做某些事，但我們還是不顧一切地做了。有時候我們知道有些事情應該勇敢而爲，但我們就是無法去執行。精進是從事德行，往前邁進的鎖鑰。由想像我們的雙腳和雙腿是老虎，我們與生活的地基相連結，記起我們珍貴的人身，並且決定好好善用它。

獅子──白色──戒律、歡欣、能量

下一步我們把覺知往上挪到體內肚臍下方的區域，在這部位，我們有暖熱。這是獅子，以白色表徵戒律、歡欣，和精力能量。獅子擁有極大的歡喜，因牠不再被迷惘所拖累。牠深知德行帶來東方大日的溫暖，無德之行則帶來落日觀的沈重感。美德能提昇我們超越於困惑和沈重之上；此心從疑惑中釋放開脫。因爲我們對幫助他人會帶來安樂，具有確實的信心，於是我們能在喜悅的高地歡遊嬉戲。當我們提供奉獻這種紀律與喜悅的火焰，世界便將其反照回來給我們。伸展對他人的慈悲，將使自身的風馬更爲強盛。

金翅鳥──紅色──平等心的確信

現在我們把覺知放在胸部和手臂的位置。這是大鵬金翅鳥的

範圍，以紅色爲象徵，代表平等心的確信，一顆沒有界限藩籬的心。金翅鳥是勇猛無畏的，因爲牠已超過一般因襲成俗的行事方式，也就是完全地執取固著的方式。在這世界上我們所能做的最無畏的事，是接受發生的一切，並與之共同飛翔。

我們通常總是活在一種恐懼感底下。當我們開始一天時，不能預知當天我們將會摔跌倒地呢，或昂揚飛翔。金翅鳥明知，恐懼是一顆執著心的投影。空間是沒有界限的。當我們自執著心中解脫，便有如一隻剛剛孵化的金翅鳥，我們能張開雙翼——我們的手臂，擁抱當下這一刻。因此我們能吸引爪拉的福佑。

在這一個黑暗時代，我們需要所能得到的、最大量的爪拉能量。有時僅僅是清理我們的房間，書桌，或我們的車子，即爲一種吸引爪拉的方法。清除環境裡的雜物，使它一塵不染，能鼓舞我們的心情。只從這樣一個小小的情境著手，我們便可邀請爪拉的到臨。從世俗習慣的觀點來看，這似乎是讓人驚訝的。但是統御者知曉，以關切與欣賞，使這世界更爲充實富裕，是我們得以過著不斷往前進展的生命之道。

龍——湛藍色——智慧的自信

最後，我們把覺知挪到頭部和肩膀的部位；它代表龍的無我自信，以湛藍色爲象徵。龍的自信，即是智慧，超越種種概念之上。以般若，我們不再被外相所愚弄欺瞞。爲了東方大

日的廣大心懷，我們已經拋棄了狹小心量——以負面情緒，攫取一己之所欲，嘗試要操弄世界進入我們的角落裡之心。「偉大的」指的是，我們知道自己心靈與心智的浩瀚深奧。「東方」意為我們的智慧永遠垂手可得——總是生起，來喚醒我們。「日」是指光輝明耀，無有無明的存在。「東方大日」是我們每個人天生本具的，但在一個二元對立的、概念性的層次上，東方大日的心無法被理解，所以對其他人而言，我們的智慧是不可測度的。

在此時，我們把覺知放回足部，輕柔而緩慢地對我們自己說「KI KI」①（譯按：可以英文音標發音，KI 音如 /ki/）；然後，我們把覺知移到肚臍下方，並說「SO SO」（SO 音 /so/）；再進一步，覺知挪移到胸部和手臂的區域，說「KI KI」；最後到頭部和肩膀，說「SO SO」。它們是非常古老的音節，為香巴拉勇士所沿用，以祈請爪拉。當我們發這些音的時候，風馬便開始滲透濾過，冉冉生起。我們觀想橙橘色的老虎，白色的獅子，紅色的金翅鳥，和湛藍色的龍，消融化入我們的心輪，化入東方大日。我們張開眼睛，坐起身子，想像東方大日的溫暖擴大開展到每一個地方。

我們以勇士的長呼：「ASHE, LHA, GYAL, LO」（發音如 /ashei/, /hla/, /gyal/, /lo/）來完成這一修習；「Ashe」是無所畏懼的具體展現——切斷疑惑的本初信心；「Lha」意味崇高、神聖的事物；「Gyal」意指「勝利的」。當我們這麼說：「願蒼天是勝利的」，我們就是在增強自己超越負面態度的能力。我們也是同時這樣說著：「在我的身體內，已經含有這種難

以想像的信心——知足、喜悅、平等心與智慧。那是全然地勝利凱旋、絕妙美好的。」

邀請爪拉進入日常生活

我們亦可以說：「喔，不過是我的腳、血液、骨頭、內臟、頭部和腦髓罷了，有什麼大不了的。」沒錯，這完全肉體上的，但是從一個內在的觀點來看，根據風馬，我們是用觀修思惟體內某一明確的部位，來祈請爪拉。那便是爲什麼西藏的瑜珈聖者密勒日巴能夠飛翔的原因。我們也許無法短短期間內便能這麼做——除非是坐飛機。但以相同的原則，我們把風馬——覺醒之心的能量——帶入我們存在的每一個細微分子當中。這即是如何邀請爪拉進入日常生活之道。

完成我們的修習之後，我們起身，從事每天的尋常活動。我們可以打坐，泡一杯拿鐵奶香咖啡，沖個澡，親吻我們的配偶或愛人，對孩子說聲早安，或是收看晨間新聞節目。我們可以在一整天的任何時間裡作這一個修習，當然的，甚至在我們站立、坐著，或行走的時候。以東方大日的信心，不管是何時，我們皆能奮起覺醒。

譯　註

①KI KI, SO SO, ASHE, LHA, GYAL, LO: 對於不諳英文的讀者，KI 發音如注音符號裡的「ㄎㄧˋ」；SO 發音如「ㄙㄡˋ」；ASHE 發音如「ㄚ，ㄕㄨㄟˋ」；LHA 發音如「ㄏㄌㄚˋ」；GYAL 發音如「ㄍㄟㄠˇ」；LO發音如「ㄌㄡˋ」。

以智慧統治

安止於廣大的心懷，我們將能征服狹小的心。

當我正式地承擔起我的職責，成爲一位「薩姜」之時，我所面對的，是即將帶領西方最大的一個禪修團體之一——香巴拉，並且，我也坐床昇座，成爲一位西藏的靈修領導者。我見到兩個面向：可能性與混亂性。雖然我向來知道有朝一日終將肩負起這份責任，直到當日，我才全面看清手邊各種問題的關鍵所在。禪修中心內部有一些派別的爭執，而我尚年紀輕輕。許多我將要領導的人曾經是我父親的學生；他們對我應該如何繼續進行，持有非常強烈的意見。新一代的學生希望改變固有的操作方式。同時，還有財政上的問題。除此之外，信眾帶著他們個人的問題和生意上的顧慮來見我。我還要引導行者的修習道徑。我亦扮演一座東西文化間的橋樑——然而，西藏人希望我以傳統的方式而行，他們擔心我花太多時間與西方人相處；西方人以爲我過於注重西藏人，以及舊有的老路子。感覺被這些責任的重量給壓扁壓垮，是再容易不過的事了。我該怎麼做，才能產生融洽與和諧呢？

結合蒼天與大地的統御方式

佛陀開示達瓦・桑波，香巴拉的第一位國王，以結合蒼天與大地，來統御他的國度。大地是我們居住之處，蒼天賦予我們生活得有意義的能力。遵循老虎、獅子、金翅鳥和龍之道，我們學會去平衡蒼天（智慧和平等心）與大地（幫助眾生的滿足和歡喜）。然後我們將是全勝無敵的；由每天統理自己的世界，我們能夠完成心之所願。香巴拉教法告訴我們，為結合蒼天與大地，我們必須是仁慈的、真實的、純正的、無畏無懼、方便善巧，以及欣悅歡慶。這便是統御的六種方式。

前三種方式——仁慈的、真實的、純正的——與蒼天相關。它們是公正的品質。公平正直從智慧而生，是對本初善不動搖的確信。這是把蒼天帶往大地的第一步。我們因克服了困惑，發現到自己的清明。人們尊敬我們，因為我們的生命深具目的。我們的展現是仁慈的、真實的、和純正的，就像一道光束穿過陰霾，破雲而出。

仁慈根植於耐心，耐心引致溫柔，而溫柔，離於憤怒侵犯。我們的心廣大而寬敞，因為我們對它有完全的信心。這並非盲目的慈悲，或一切皆可的態度。作為統御者，我們了解人們皆深深受著苦，並因此，使我們與大地相連結。我們用老虎的精進讓自己腳踏實地。大地給我們目的性。它在說：「既然薩姜的意思是大地護佑者，把平和、慈悲和智慧帶給大

地，就是你的責任。」

如果我們要履行被委託的重任，就不能把痛苦個人化。如果我們太把痛苦個人化，便失去與蒼天的接觸。我們變得攀緣固著，被每一個劇情給吸進去。我們的心，成為一個小小的盒子。因為沒有餘地轉寰運作，我們開始驚慌失措。例如，一個企劃案所花的時間超過預期，同事開始怨怪我們，我們生氣了。我們的慈善心消失了。我們找一些藉口，或甚至責備他人。我們像是被抵在牆上，動彈不得，而憤怒之氣造成了這一狀況。我們的風馬衰滅，懷疑增加。本初善似乎是一個神話；智慧，慈悲，和勇氣，變成了模糊的理想。在這個時候，我們不應該減少溫柔——我們應該更加溫柔。那驚慌失措正在告訴我們，這一陣子以來，自己太執意頑固了。這是放下它、讓它消融到虛空中的時刻，就如同大鵬金翅鳥一般。然後我們便能像龍一樣地遊戲自在，隨著元素舞動飛昇。

在我的情況裡，我感覺到，首先，我必須先傾聽所有的問題和視野角度，讓人們盡量表達他們自己的想法。我試著開放心胸，並維持一份好奇感。有些人是友善的，有些人則是激進的。在這兩種情況裡，我皆得以較為密切地明察他們的心意。我學到的是，當人們以激進和躁急的態度來行動時，他們不能信賴仁慈。狹小的心不能理解廣大的心懷，所以智慧的統治者往往遭逢埋怨和批評。他人以驅使我們遠離溫柔，來嘗試奪取我們的力量，企圖要讓我們被負面情緒的圈套所困。但是，溫柔總是最佳的鞭策之力，是每一個人都會尊敬

的力量，因爲它獻身於眾人的福祉之上。

如大象般堅定穩固的仁慈

仁慈需要有一頭大象般的堅定穩固——一種信任自己，並謹記眾生苦的感受，因爲被人們所激怒，是再容易不過的事。如果我們感覺被惱怒逼迫到牆角，看來如排山倒海一般，那麼我們大概也會憤怒暴躁地反彈回去。然而，既然我們只是受限於自己心的疆界，而不是被困在一幢建築物裡，我們可以有耐心。耐心產生空間，這空間超過負面情緒之邏輯的必然結論；就像是在一片寬敞的牧草地上，我們的惱怒可以在裡頭大踏步、跺著腳，過了一會兒，它就變得愚蠢可笑了。

在某些情況裡，現憤怒相也許是我們所能做的最慈悲的事。在此等時刻，我們需要仔細觀察自己的心與意，問說：「這是眞的慈悲嗎？還是負面心態的僞裝？」明辨洞察力，此時退後一步，在採取行動之前，察看眼下所發生一切的究竟眞相。戒律會記起幫助他人的喜悅。平等心能放開執著和概念。而智慧，知道我們常常犯下錯誤；我們在統御者之道上的訓練是持續不斷、永不停止的。如果我們要確知是否自己的憤怒是慈悲的表現，我們可以從結果來看：慈悲的結果將是歡喜和快樂；憤怒的結果是我們的名譽將受到損傷，我們身邊的人，更會飽受傷害和壓力。

眞實──統御的第二個方式

仁慈是充滿眞實的，眞實，是統御的第二個方式。我們對己眞實不欺，朝向德行之道上邁進，銳不可擋。 這是根源於自信的堅定，就好像是陣陣輕風背後的力量。微風或許溫暖和煦，但它恆常往前移動。 對虎、獅、金翅鳥和龍之道的忠實堅定，能落實我們的仁慈。沒有那不可動搖的眞實質地，仁慈或慈善，就會變成某種禮節客套，甚或政治權術。

對於本初善之見地的仁慈與眞實，賦予我們自然的交涉手腕。由於我們已勤勉地在自己的心上頭用功，我們熟知忿恨、妒忌和無明的領域，以及慷慨和喜悅的領域。我們可以看見人們之所從來，還有他們的策略是什麼，我們亦可看穿他們所玩的把戲。

即使是我們的朋友，有時也會試著控制我們，或重新詮釋我們的意圖，以掩飾他們的無能或缺乏安全感。若我們是眞實的，很快他們會發現到這種行爲起不了作用，我們的溫柔，因堅定的信心而具有重量。我們不再相信，用負面態度能得到自己所要的。我們現在使用不同的方法。我們理解到力量如何流動：安止於廣大的心懷，我們將能征服狹小的心。

以仁慈作爲我們的基底，成爲眞實的這種意志將增強而茁壯。它是一個在經驗的磨刀石上、持續磨銳我們智慧的過程。它或許是寂寞的。我們與蒼天的連結，給予我們下決定

時無疑無惑的堅強力量，但有時我們必須下一些別人並不贊同的決定。在我的情況裡，人們相當慷慨自由地向我提供許多忠告，然而一個人的意見常常會與另一個人相抵觸。在他人的希望與恐懼的重壓之下，是很容易便崩潰瓦解的。然而，最終，不管爭論點為何，我必須做到公平正直。「公平正直」的意思即是不迷失偏離德行的道路。

仁慈與真實，臻至純正

仁慈、真實，將能臻至純正——統御的第三個方式。這並不是特別指「我們的」純正；它只是一種純正的品質，如夜空明星，所有人都看得到。當我們見到真理實相時，便能辨識它。以一個被智慧所提昇的心智，牢固繫著於慈悲之高尚的心靈，我們知道自己正在做正確的事，因為不管我們是一個統治者，或是一個窮漢，它都是應行當行的作為。如果我們有疑惑，我們則必須與仁慈、真實重新聯結起來。用這三種方式來統御，我們的行事將是公平正直的。

當我們是公正的時候，其他人將願意去貫徹執行我們的願望。在梵文裡，靈性導師古魯（guru）上師，內涵「沈重」之義，即一種深沈的理解。當我的上師演說言語時，即使只是平常的字詞，似乎都載滿了意義和力量。這類的力量負有天然的威權命令——具有穿透性的影響力，但不是威脅，亦非戲法。無疑地，真理已被展現表明，因此我們傾聽遵循。

以力量統治

> 我們的力量並非來自於鎮壓抑制他人，
> 而是來自提高振舉他人。

最近我問我的編劇家朋友史坦力，一些關於電影工業的問題。他告訴我，「電影是非常透明的，非常難以捉摸的。即使你從前曾經拍過一些偉大的電影，如果你現在沒有在拍任何片子，人們會視你為『過氣的』。想要繼續維持你的勢力——而它也是相當短暫的，是一件精疲力竭的事。」統御的國王與皇后則了知，需要依賴操控環境以撐持下去的力量，不是真的力量。以自己的野心來轟擊他人或威嚇他們，讓人臣服，這樣的力量是不會持久的，因為它需要不斷地維護保養。

無畏無懼根源於不動搖的慈悲

為了要真正地強而有力，統御者平衡以下三種治理的方式：無畏無懼，方便善巧，以及欣悅歡慶。這三種方式使我們與大地相關連。真正的力量落實於無畏無懼之上，而無所畏懼，則是我們的信心、知識，和理解的自然表現。因我們已

離於對本初善的疑惑，我們無畏於躍入自己本具的智慧之中。我們亦無畏於風馬的力量，它能帶來世間的與精神性的成就。因爲它不需要去證明自己，這無畏無懼帶有溫柔的品質，它根源於穩定不動搖的慈悲。

如果我們畏懼於自己的力量，便失去了我們與蒼天的連結。其結果是，我們也將失去與大地的連結，而變得政治化。然後，就像傻子一樣，我們以爲必須操縱或偷竊他人的力量，並想像某人有我們所需要的事物，爲了要得到它，緊追不捨。因爲一般的政治奠基於恐懼，所以根植於政治的力量不能延續久長。其他人看到我們並非完全地誠實，我們的欠缺穩固性，成爲一塊虛弱的組件，他們可以藉此使其動搖瓦解。

若我們畏懼於他人的力量，便失去了我們與大地的連結。想要獨自以隻手來統御世界，並不是眞實地治理。我們是在放棄、認輸。我們也許相信獨立是力量的象徵，但是不願與他人共處共事，是我們尚未克服自我耽溺的表徵。我們是在說：「我不希望與他人一起共事，那總是讓我生氣。那需要太多的耐性。人們是很蠢的。」現實是，我們不能處理自己的憤怒，亦無能發展一己的耐心，而且，由於無法與他人協力合作，更無從培養起自己的智慧。試問：如果身邊沒有一個人來激怒、惹惱我們，我們又如何能在生氣之時，修練不大聲吼叫的功力呢？

我們必須無所畏懼地下決定。這些決定，也許會影響整個社

群團體：像是決定一門研習課程的範疇；或僅會影響單一個人，像是決定何時回到家，所以我們的伴侶可以用車。若以遲疑不確定的方式下決定——尤其是他人的焦慮，總顯現為批評攻訐時——猶豫不決只將製造更多的恐懼。我們的憂慮恐懼，能對我們的生意、家庭、情感關係、甚至地方、國家，產生巨大的破壞。如果我們的恐懼轉化為沈默寡言，其他人便不會注意我們所說的話。若這恐懼轉化為嚴厲與強勢作風，人們將憎恨我們的力量，處處妨礙我們。因眾人仰賴我們的力量，我們必須無畏。然而，這樣的力量並非來自於鎮壓抑制他人，而是來自提高振舉他人。恐懼是心的一種狀態；無畏無懼，是我們的本性。以無畏來統御，即是從我們的根源來統御。就如同恐懼，無畏無懼也是能夠傳播擴大的。

幾年前，當我們計畫要擴充香巴拉山脈中心的環境配備時，許多行政決策部門的人都十分猶疑。他們提出各式各樣的理由，來反對擴充興建。他們問我：「你真確定這新的舉措行得通嗎？」在他們猶豫的底層，潛藏著憂慮恐懼。我告訴他們，作為中心的資深成員，且具有決定性的權力，他們必得要無畏無懼；因為我們的動機，本是為了要利益眾生。

方便善巧——眾人各司其職，各居其位

下一個力量的面向，是方便善巧。統御之道是一種藝術。覺悟的國王與皇后，了知如何去平衡內在和外在兩個方面的力

量，並且依此安排一己生活的國度。我們周圍生活圈裡的人們，賦與我們形成力量的基礎。作為一位統御者，我們需要有同室親密的伴侶和家庭，來增進我們的正當莊重；我們需要有大臣——行政管理方面的貴人和友人，來促進我們在世界中創造和諧的努力；我們需要將軍——無畏的保護者，呈顯為關心的朋友和導師，提醒我們時時把握住對本初善的見地。

我們周遭的朋友、家人和同事，便是我們的國庫財富，因為他們形同提供了一個容器，在其中我們可以修習德行。如果我們要統御治理，就需要有人讓我們來保護他們，關心他們。與他人方便善巧地共處共事，涉及運用所有我們在虎、獅、金翅鳥，以及龍之道上所學到的策略。它能磨銳我們的明辨洞察力，增加我們的精進與戒律，擴充自己的喜悅，開展我們的無懼無畏，還能使我們的智慧與方便更加鋒利精銳。

在身旁建立起一群都能恰如其分地各居所屬的人，就像是穿戴珠寶。某些首飾應穿戴在頭上，某些應穿戴於手腕。統御的國王與皇后，使用他們的明辨洞察，深思每個人的特質，並決定他們的定位。舉例來說，我們也許認識到一個朋友能熬夜通宵，編寫電視劇本的創作力，但是那一種創作能力，就不是我們在選擇一位會計師時所尋求的。有些朋友我們能共同深入反思，向他們吐露我們內心最底處的顧慮；有些朋友我們只是一起打高爾夫球。有許多工作上的同仁我們非常激賞，但我們並不會邀請他們到我們家中小聚。

在我們的圈子裡，有些人可以承擔較多的責任；其他人則會被壓得喘不過氣。兄弟姊妹當中，哪一位可以負責來照顧我們年邁的父母？人們在不同的時段裡，做不相同的事。我們的助理，在他大學剛畢業之時，曾經是理想的見習生，現在呢，同樣的工作，只會讓他感覺乏味無趣。也許我們應該把他升遷到一個更具挑戰性的崗位？讓一個人在適當的時候，從事合適的職務，結果將是融洽和諧。恰好的人在恰當的職位上，能增長繁榮幸運，就如同滿願如意寶樹一般。

若在某一位置上用了錯誤的人選，將傷害整體的國度。如把一名心量狹小的人，放在一個深具影響力的要職，好比是有一個需要不斷關注的漏洞。因那人欠缺與他人合作協調的能力，他將使得整個情境的風馬乾枯衰竭。又好比，若是我們的母親再嫁，或我們的兒女與某人結了婚，而那個人對她或他有相當負面性的影響力，我們整個家庭的風馬能量都會因此衰落下來。

使某一個具有惡行的人高居上位，只會讓不善之行更形囂張。如果自己選擇一位鼓勵我們去說謊或偷竊的雇主，我們的風馬將腐蝕敗壞。這對其他人亦然；一個人的負面態度，會破壞集體的士氣，而障礙阻撓便將升起。相反的，如用人正確，和諧融洽自然生發，每個人都變得更加有力量，我們的工作也就進行地更為平穩順利。

方便善巧有老虎的「帕玉」，即明辨洞察。我們不停地查考環境中的種種影響、改變。假使我們以金錢來奉承、阿諛他

人，就會扭曲一己的原則，不再是以德行來治理；是金錢在治理一切。同樣地，若我們對親近的朋友和伴侶寵愛徇私，慾望便會開始統治。當我們被自己的執著所操縱，我們的風馬能量便向下旋轉消沈。如果生活圈子裡的人只是一味諂媚或附和我們，我們的自我覺察力會變得障蔽不明，像一面褪了色澤的鏡子，我們將失去決定何者應取、何者應捨的能力。倘若我們聽信謠言與誹謗，開始偏袒某一立場、靠向某一邊，這將製造摩擦衝突，而整個環境會變成憤怒敵意與挑釁不平的環境。

以方便善巧來行事，意味著我們知道應該說什麼，而這些話語對別人會有什麼意義。在我們說話之前，先問自己，「這麼說了，將有何幫助？」例如，我們決定是否先告知母親，或是父親。我們以總是顧及他人的心念，用完美而適切的技巧和時機，來溝通我們的想法和意願。我們也許有一些好消息可以提供給家人和生意的同事；我們或者想改變鄰近社區的品質；或有一種新的產品剛剛上市——但是，若我們一個勁兒地把自己的靈感和啓示傾倒在別人身上，它會失去效力。我們需要讓他人有吸收訊息的空間。假使我們一開始太過焦慮或是太熱切，其他人或許要後退好幾步。若我們遲疑著把消息與其他人分享，他們或以爲我們可以早點告訴他們，而覺得受傷。這裡、那裡一點點會談溝通，即使看來微不足道，即能夠建立起周圍的和諧。當我們知道有一些改變將要發生，在合適的時候，對我們的父母、孩子、鄰居、我們的秘書或老闆的適當交談——皆反映出我們的細心顧慮。

這樣的溝通，與所謂的操縱控制不同的地方，是它沒有暗藏祕密。許多人畏懼改變；如果我們以方便善巧的方式來運用自己的力量，人們會看到我們的無畏，並從中成長。

尊重顧慮是方便善巧的根柢

尊重體諒、顧慮他人，是成為方便善巧的根柢。這是基於嘗試做到純正真誠的考量，而非恐懼於觸怒他人。若是恐懼於觸怒他人，我們就不是從無畏無懼來統御，而是從擔憂報酬來統御。如果我們憂心所能得到的回報，我們便是在隱藏什麼，並且害怕被暴露出來。那不是從真正的力量泉源來行動，超越對自我執著的智慧與慈悲，是我們真正的力量泉源。

就練習如何施行方便善巧來說，我們應該考慮，怎樣能盡可能地去幫助他人，而非盡可能不去損害他們的感情。當然，我們應該對別人的感覺相當敏感。俄國沙皇彼得大帝①有次曾經換裝易服混入平民之中，為了要聽取民眾的需求。相同地，我們越是對自己的智慧與慈悲有信心，我們就更能善巧地聽取他人的意見，並知道該如何來協助他們。我們應該多方詢問，因為從回答中，能透露出好的和不好的意圖。

以方便善巧，我們能打開困難的情境，而非用自己的負面態度把它緊緊關閉。我們要使人們說出實情，不是去壓制他們。當他人的舉止不當，我們可以問：「你以為發生了什麼事呢？」「這些行為帶來你所企求的結果嗎？」「它讓你感覺

如何？」「你是否希望有不同的作法呢？」與其把我們的意見強加到他人身上，我們試著製造空間，於其中，人們可以學會使用明辨洞察和戒律，去發現他們自身的智慧。我們的提問，通常與我們所能供給的答案，一樣地重要。

我們應善巧地鑒知他人致力於德行，即使他們的作為毫不明顯卓著。當人們的工作完善，我們可以提供自己的欣賞認識、讚美、感念，或一份禮物。我們的鼓勵帶來歡欣，也把意義注入他們的工作之中。當人們感到灰心喪志時，我們應培養其士氣。在旅經西藏途中，傳統上，每到達一處，我們停下來，回望自己已經走了多遠的路。暫停歇息與回顧我們的成就，能增強我們繼續往前行的決心。有時，我們以幫助人們看清行事的優先順序，來鼓舞他們。我們的動機，是為了引導他們達到一個更為正面性的心態。

為了完成事業，有時候我們必須緩慢而行，有時則必須快馬加鞭。但是以方便善巧，不論我們行動的步調為何，它看來是天衣無縫的。這般的力量，在我們對當下此刻的真切賞識裡滋長──從喝一杯茶，到如何穿著，皆是如此。在日本封建古代，武士須精擅多種藝能──花道、茶道和會話交談之道。他們能夠在最精緻的舉止中包含他們的力量。一杯茶，傳達了美好友誼的溫暖；一盤花藝，蘊藏了整個宇宙。以同樣的優美雅緻，他們可以拔劍揮斬致命的一擊，或射出穿刺敵人心臟的一箭。這一種完美的平衡與時刻的安排，吸引爪拉。它能在人們覺察之前突然征服此人，正如同太陽從早晨轉移到日正當中。當別人感受到我們的溫暖熱力，他們便會

歡欣喜悅；這是力量的藝術。

在長達多時地研習佛教的形上學和演練辯論術之後，我的上師貝諾仁波切常常邀請我與他一同喝茶。我們談話的內容包括鳥兒、天氣或是花樹等等。他最愛談論動物。他是在用會話交談的道藝，平衡我的智能訓練；而會話之藝，含涉有金翅鳥的平等心，放下自我的種種顧慮，和形成一個能聽見對方所說話語的空間。不管是身體上的、抑或智力上的，力量必須平衡相稱。善巧地表達它，能製造融洽和諧。

當我們方便善巧地溝通、傳達我們的力量時，每個人都覺得被包容其中，就像是我們理解體會到每個人的關注需求。因為我們的力量不是壓迫性的，傳達與溝通，是健全而開放的；我們彼此都感到幸運。這種愛帶來獅子的歡欣，因德行將生成更多的德行。從基礎開始，美德呈顯為基本的莊重端正——尊敬環境周遭，相互關懷照顧。我們已經無畏地厭離自我耽溺，因此喜悅和慶祝便能生起。這是引我們至統御的第六種方式——欣悅歡慶。

欣悅歡慶——清淨無雜的心理狀態

在香巴拉中心的禪修期間，老師和學員，都修習運用虎、獅、金翅鳥與龍的原則。我們嘗試保持一己與蒼天的聯繫——對本初善的確信；我們也嘗試落實自己的見地於大地之上，即每天日常生活的種種活動。以連結蒼天與大地，我們試著產生和諧，並且創造一個覺醒的社會。

每期禪修訓練終結的時候，總有一個慶祝會。必然地，一連串的舉杯祝賀開始。學員對教授的老師和禪修指導們提出獻詞，感謝他們的諄諄善誘與多方指引；禪修指導和授課的老師們則對學生提供賀詞，感謝他們所呈現的挑戰和他們的獻身修行。在我們的禪修團體裡，這不是唯一一次我感受到欣悅歡慶的時刻，然而，在這樣的黑暗時代，雖然屈服於憤怒激進是如此容易，我們相互間的交流，便感覺極有力量。它映照出我們是如何地一起齊心協力，奮然共事。

每當我走進我的上師們所聚坐一堂的屋內，我常常感到彷彿剛錯過了一場歡宴。空氣中有一種逐漸增強的高潮氛圍。而這並不是有什麼特殊的事在發生；我只是進入了一個興高采烈的、清淨無雜的心理狀態——老虎的知足，獅子的歡欣，金翅鳥的平等心，以及龍的無我，都涵容在這一心態裡。我的父親創巴仁波切，他以滿面的笑容，和遊戲自在、殷勤邀約之感，發散流洩出那一歡慶的氣氛。我的上師欽哲仁波切所給我的一個烘焙過的青稞粉——糌粑球，對我而言，嚐起來比一塊巧克力蛋糕，味道還要好得多。

那種平衡蒼天與大地的自然歡慶能量，可以隨處而生起。慶祝，可以是自發性的，或是相當正式的。我們可放一些音樂、隨之起舞；或者與同事在完成一個企劃案後，相約在郊外踏青野餐。當我們有重要的事要宣佈時，可以邀請朋友和家人共進一席佳餚。我們能夠做點向來不敢去做的事，來表達我們的喜悅；或簡單地，撥出一個下午，和朋友看場電影。如果生命中缺乏歡慶，我們可視其為尚未統御自己世界

的標誌。那表示我們的愛和關懷被阻礙住了，負面態度早就悄悄地蔓延開來。我們看不到有任何事情是值得歡喜慶祝的。當這境況發生的時候，我們必須記起本初善。

在西藏，過陰曆年時，通常在西曆二月份左右，就像是把歐美的聖誕節、新年、復活節、和自己的生日，通通混合起來慶祝。我曾問過一位年老的西藏喇嘛，當他還是個孩子時，對這類慶典的感覺為何。他說，「我們當然是極為興奮的。新年前夕，小孩子都興奮地睡不著覺。不僅僅是將會有煙供拉桑（lhasang）——焚燒杜松枝葉的薰煙儀式——還有許多供品、儀典，以及非常美味可口的一餐。」我很想知道那頓大餐所吃的是什麼食物，他告訴我，是犛牛的頭部。他們坐在桌前，大啖那陳年的、醃漬的、犛牛的臍餘物——跟冰淇淋和蛋糕大相逕庭；雖然如此，那仍是一場歡慶，一個盛宴。

欣悅歡慶是一種態度。我們對自己覺得幸福快樂；我們在家庭中覺得幸福快樂；我們在工作上覺得幸福快樂；我們對於國家覺得幸福快樂。這便是針對生活之根本而終極的賞識。我們如此不是只為自己，而是為了提供智慧和慈悲給他人，他們亦能感受到我們的愛及關懷的力量。這種與我們一己之國度的關係，將製造和諧、無有衝突摩擦的環境。當我們克服恐懼和憤怒敵意，各種鬥嘴、妒忌和競爭的事件就會大為減少。如此一來，作為一個團體，我們將擁有強壯的風馬，而此風馬，能使我們所向無敵。

譯 註
----
①彼得大帝（Peter the Great，1672～1725）：俄國傑出的政治家、軍事家、統帥
　和外交家，俄國正規路海軍的創建者。他在位時銳行改革，勵精圖治，促進了俄
　羅斯經濟、政治和文化的發展，使其躋身成為世界強國。

統御你的世界

> 當我們為成功創造適當的情境，
> 風馬不僅能馳騁奔騰，它更可以展翅飛翔。

統御之道的傳統明示，我們皆註定要統治自己的世界。我們不須去管理天下，但是，若我們能夠統治一己的心，以及周遭的環境，我們的平和與力量，便真的能開始擴散影響整個世界。這種能量，即是龍踏，亦即風馬──精神性與世間性的成就。

恐懼與不滿足無處不在的世間

香巴拉教法強調此一現實真相──我們都具有本初善，我們所居住的世界，也擁有本初善。然而，在這樣的黑暗時代裡，恐懼與不滿足之感，無時無處不在。這一種負面性態度消耗著我們，我們甚至無法安頓於此心，遑論安頓於我們的家庭及社會。當我們都自私地為自己保留最後的一塊餡餅時，就是不斷地在破壞那製造穩定與快樂的可能性。若我們以這種心態來處理地球上的所有事務，世界便被狹小的心態所統治。因為每個人都只注重「我」的計畫，商業與政府機

能將殘缺受損，最終失敗。由於被自己的情緒拖著跑，這顆心無法安穩，我們每天的生活、我們的生命，最後，甚至這地球的福祉，都要動盪不安。那也就是「苦」之要義。

統御者內懷幫助眾生的大願，關注世間之疾苦。在香巴拉，我們誓願要創造一個「覺悟的世界」。這誓言反映出，我們願以覺醒世間至其最大的潛能，以解除眾生之苦難的憧憬熱望。

在達瓦·桑波國王接受了佛陀的開示之後，他體會到如同所有利格登王了然於心的真理，那便是，為了使一個社會真正地做到和睦融洽，它不能是奠基於嫉妒、貪婪和憤怒之上。它必須是根源於一個更為原始的、基本的原則，一個不能被交易買賣的原則。達瓦·桑波國王於是開始傳播佛陀所傳授本初善的教義傳承，即萬物之覺醒的本性。他教導他的臣民禪修和思惟修，以及賦予生命意義的虎、獅、金翅鳥、龍的四個方略。人們變得更加地平和、仁慈與快樂；他們的信心增加。很快地，人人在睡眠、飲食、行走、工作之中，都依照他們對此堅不可摧的本性來行為舉止。這就是香巴拉的子民如何發現、親證其覺悟的緣由。

安止於本初善——香巴拉顯現

正如同佛教中所述的眾生皆已是佛——「佛」之意為醒覺——這世界，亦早已是香巴拉淨土。因為我們仍然漂流於疑惑與憤怒，妒忌和驕傲的國度，我們沒有辦法看到這一實相。當

我們終能看穿一己重複不停的混亂攪動，放鬆安止於本初善，香巴拉的覺悟世界就會開始顯現。覺悟，是在我們用自己的投射影像玷染事物之前，事物的本然面目。當我們立下統御者的誓願——協助建立一個覺醒的世界——我們是在說，要以此生、此刻，發展對本初善的信心，所以不管在何處，我們都能夠處身於那一神聖莊嚴的國度裡。

在香巴拉王國裡，沒有階級制度。我們每一個人都是利格登王——「家系的持有者」，因為我們都早已完全擁有一己的覺知。為了能在個人層面上觀照到這一點，我們需要對自心天然的能量有所醒悟覺察。正如同磨光擦亮一個水晶球，所以我們可以見到它全部的光輝展現一般，修習禪坐及思惟修，便是我們如何清淨此心的法門。了解一切皆為本初善，我們視此生為一個使自己能夠擁有確信並獲得解脫的大好機會。

作為一個世間修行之道，香巴拉奠基於從事對社會有最大貢獻的事。對社會而言，即使是日常生活，最佳的目標，莫過於所有的個體都擁有完滿的成就和幸福。如果我們希望世界滋生愛與歡樂，我們必須開始澆灌心中平和及穩定的種子。由統治己心，並用它產生慈悲，我們將可管理財政經濟，與我們的未來。統御的國王與皇后，雖認為財富是成功的衡量度，但他們針對此點，還加上幸福與快樂的真正原因；他們深知，快樂是心的一種狀態，它從未僅僅來自於物質的形式。以智慧和慈悲的滿願如意寶珠，作為我們生活的基礎，我們便能發展這一幸福快樂的自覺意識。

自古以來，覺悟的國王與皇后，以及巖洞中的苦行修道者，皆有明示：產生平穩堅定性的祕訣，是把他人的福祉，放在我們之前。有些人或會以爲這種途徑不切實際，但一位統御者則知曉，遠離「我」的計畫，在任何的經濟系統裡，都是最得當、最現實的要素。一個基於慈悲、並灌注智慧於其中的財經體系，將不會自我毀滅。缺乏這些品質作爲基礎，而意欲製造安定，只會招致長久不斷的衝突摩擦；而我們將以自我中心的毒氣，繼續污染這個世界。滿願的如意寶珠，本是最好的污染控制，因爲它能帶給心寬敞的空間，於是讓風馬因之而興起。

騎乘、駕馭風馬，是我們如何使用一己的世間生活，成爲精神性修行生活之道。由發展對本初善的確信，我們滋養培育蒼天；有勇氣以慈悲來行動，我們把蒼天帶入大地。其後，不管我們從事什麼，皆能以一位統御者之尊來莊嚴地過活。我們可以結婚，生兒育女，擁有一棟房子。我們如何運用自己的心，利用自己的生命，決定了風馬將會增加、抑或減少。統御我們的世界，便是以一種能夠持續增強風馬力量的方式，來過我們的生活。

風馬帶來精神及屬世之成就

風馬帶來精神性的及屬世的種種成就——個人的力量，與人相處的和諧，強壯的生命力，和物質上的豐裕繁榮。它與理解到相互依存性是怎樣地在作用著息息相關。像一位好廚

師，我們知道單一個配料不能製造出一道美味可口的菜餚，但諸多原料恰如其分地加在一起，則能烹煮一道好菜。風馬的要素，包括專注、覺知、美德，以及讓自己把這些成份帶到一處的智慧與方便。然後，品嚐起生命時，便覺滋味鮮美，因我們已經與自身存在之華美輝煌相調和。由於我們離於自我中心，我們擁有眞威相和自信心——一個輻射發光的力量場域。我們發展出一種氛圍，使我們看來比他人更爲巨大與端嚴。這能吸引爪拉的福佑能量。

要統御我們的世界，我們需要把這些香巴拉教法變成切身的經驗體認。有時候，人們寫下一點智慧的嘉言，貼在電冰箱上面；那是一個非常甜美的舉動，但是如果我們不能運用這類睿智的言語於生命之中的話，它們也不過只是裝飾而已。即使我們深受這本書的啓發鼓舞，若我們不依循上述各種指導，來思惟、觀修統御之道的策略，我們所受到的啓示是不會持久的。當我們在生活裡偶然地試著應用它們，反會覺得沮喪，覺得那似乎是件不可能做到的事。我們必須內化這些智慧的法教。那便是思惟修的力量。就好比加點水揉捏生麵團——我們得不斷地繼續用功下去。不然，我們或許聽到了眞理，但它不會黏固；我們將會回到自己一貫行事的方式。學著統御一己的世界，並不容易，然而，了解到每一個覺悟者，都曾在生命的過程經歷修習並實踐這種種原則，或有少許幫助。如果我們也能在禪坐日課和全天當中思惟這些教理，肯定的是所有人都將享受它們的利益。

若有足夠的人學習怎樣來統御我們的世界，最終，我們將能

統御 你的世界

以反映出一個真正人類本具之清明智慧的方法，來統理這個地球。當我們為成功創造適當的情境，風馬不僅能馳騁奔騰，它更可以昂然飛翔。那效果也許是漸進的，但即使只是少數人的十個百分比的努力，也可以使這世界早日覺悟，甚至比我們想像的還迅速。美德的力量，就如十萬個太陽；若我們之中有一些人，以十分之一的時間，轉自己的心，朝向德行，很快地，我們將住在一個以好幾十億的太陽光芒之力所照亮的星球上。香巴拉教法告訴我們，當那光明照耀宇宙穹蒼時，一切眾生的幸福安樂將被完全成就，而那嶄新的、金色年代的曙光終將顯現。

金色年代，曙光乍現

幾年以前，我的朋友葛雷格向我說道，他的弟弟即將遠征攀登埃佛勒斯峰（Mount Everest），他問我是否有些信物我希望能帶上埃佛勒斯峰頂。我給了他一面香巴拉的旗幟。香巴拉旗幟有著白色的背景，代表本初善；中心金黃色的圓圈，表徵著東方大日，眾生本具的智慧；它還有四個色條：橙橘色、白色、紅色、湛藍色，象徵虎、獅、大鵬金翅鳥和龍的四種信心；它們表示出統御世界所需的知足、歡喜、平等心與智慧。

在西藏，當人們爬上山頂時，常迎風展開一面旗幟，相信風的力量將會把風馬的信心與本初善，帶往四面八方。同時，人人高喊著勇士之長呼：「 LHA, GYAL, LO」──「蒼天是

勝利無敵的！」

當葛雷格的弟弟接近峰頂的時候，氣候驟變，他無法繼續攀爬。一名藏族夏爾巴人接過了那面香巴拉旗幟，把它帶到山峰之顛。一個狂風暫歇的空檔裡，讓他能夠張開整面旗子、並升起它。那統御者之深奧、光燦、正直、堅強有力，以及一切全勝的治理之道，曾在西藏及中亞被教導與修行了許許多多個世紀，現在，一面來自西方國家的巨大尼龍旗幟，豎立在世界之屋脊的頂端，放射出風馬的信心。願它的福佑，啓示我們每一個人，來統御我們的世界。把和平、眞實的富裕、自由，與安樂的金色年代，帶給一切眾生。

統御 你的世界

回向文

願以此功德，令眾生皆證得無上智慧

願以此擊潰不如法行為之宿敵

從生、老、病、死的駭浪

從輪迴的大海中

願我能解脫一切眾生

憑藉那金色東方大日的信心

願利格登王之智慧的蓮園花朵，燦然綻放

願眾生的黑暗無明悉皆盡除

願眾生永享深奧、明耀的光輝

禪修的姿勢

一、背脊要挺直,維持它自然的弧度。

二、雙手安置於大腿上。

三、兩臂與肩膀放輕鬆。

四、頸子的後部是鬆弛的,因此能讓下巴部位下垂。

五、視線朝向下方;雙眼瞼半閉。

六、臉部與顎部是自然而放鬆的。

七、若坐在蒲團上,兩腳腳踝鬆散地交叉著;若坐在椅子
　　上,兩腳則應安穩地踏在地面上。

修出入息（Breathing Meditation）的指導方針

一、以禪修的姿勢入座。

二、首先，清晰與準確地提醒自己：「現在我要開始從事修心，並發展平和安寧。」。

三、把心放在出入息上，跟隨著呼吸的順暢流動，這能夠使心舒緩沈靜，得到穩定和鬆弛，而且減少妄念的生發。這只是平常的呼吸，沒有任何誇張之處。如果對隨順觀照呼吸覺得有所困難，可以修數息法：吸氣，然後呼氣——數一；吸氣，然後呼氣——數二。若使用這種方法，數到七，或二十一次出入息時，再重新從頭數。假使過程中分了心，忘失所數的數目，便再從一開始。一旦你較能專注於呼吸，就可把數息的方法放下。

四、當你覺察到自己妄想紛飛，承認它；你亦可把它貼上「念頭」的標籤。見知和認識到念頭的存在，在你把心帶回呼吸上：「現在我把此心安置於出入息上」的時候，念頭便能自動消散。

五、成為一個禪修團體的成員，向某人參詢你的修習經驗，可以是極具支持與助力的。請參考書後「禪修的機構資訊」，就近尋找一位禪修指導老師。各地的香巴拉中心，亦提供了根據我第一本書《心的導引》所編製的一門詳細教導禪修的課程。

思惟修（Contemplative Meditation）的指導方針

一、安止於出入息上，使心平靜。

二、覺得自己準備好時，讓某些想法或意向以字句的方式呈現。

三、將這些字句當作禪修所緣的對象，當分心時，不斷地再回到這個對象上。

四、為了生起對這些字語由衷的經驗感受，思惟這些字句。讓心中出現種種關連的想法與影像，以啓發它們的真義。

五、當這些字句的意義開始滲入、穿透心靈時，便拋開字句，安住於其中。

六、結束此階段的靜坐並起座之時，內心應謹記這些意義。「意義」是心的直接體驗，離於文字的束縛。

七、現在，以思惟修所得的知見，懷著實踐它的熱望，參與世間。例如，如果你曾練習思惟人身的可貴，你的觀點見地便會懷有對生命的欣賞感激。

海外禪修的資訊

若欲詢問有關禪修指導，或鄰近於你所在地的香巴拉中心，請聯絡：

香巴拉 Shambhala

1084 Tower Road
Halifax, Nova Scotia
Canada B3H 2Y5
Phone: (902) 425-4275, ext. 10
Fax: (902) 423-2750
Web site: www.shambhala.org
此為香巴拉中心的主網頁。有超過一百個以上世界各地之香巴拉中心的
資料可供洽詢。

香巴拉歐洲 Shambhala Europe

Kartäuserwall 20
50678 Cologne
Germany
Phone: 49 (0) 221 310 2400
Web site: www.shambhala-europe.org
e-mail: info@shambhala-europe.org

噶瑪丘林 Karmê-Chöling

369 Patneaude Lane
Barnet, VT 05821
Phone: (802) 633-2384
Fax: (802) 633-3012
Web site: www.karmecholing.org
e-mail: karmecholing@shambhala.org

香巴拉山脈中心 Shambhala Mountain Center

4921 Country Road 68C
Red Feather Lakes, CO 80545
Phone: (970) 881-2184
Fax: (970) 881-2909
Web site: www.shambhalamountain.org
e-mail: info@shambhalamountain.org

天湖木屋 Sky Lake Lodge

P. O. Box 408
Rosendale, NY 12472
Phone: (845) 658-8556
Web site: www.sky-lake.org
e-mail: skylake@shambhala.org

大千丘林 Dechen Chöling

Mas Marvent
87700 St. Yrieix Sous Aixe
France
Phone: 33 (0) 55-03-55-52
Fax: 33 (0) 55-03-91-74
Web site: www.dechencholing.org
e-mail: dechencholing@dechencholing.org

多傑丹瑪林 Dorje Denma Ling

2280 Balmoral Road
Tatamagouche, N. S.
Canada B0K 1V0
Phone: (902) 657-9085

Web site: www.dorjedenmaling.com

e-mail: denma@shambhala.org

岡波修道院 Gampo Abbey

Pleasant Bay, N. S.

Canada B0E 2P0

Phone: (902) 224-2752

Web site: www.gampoabbey.org

e-mail: gampo@shambhala.org

蒲團與其他修行用具之供應：

三摩地蒲團 Samadhi Cushions

30 Church Street

Barnet, VT 05821

Phone: (800) 331-7751

Web site: www.samadhistore.com

e-mail: info@samadhicushions.com

爪拉書籍禮品 Drala Books and Gifts

1567 Grafton St.

Halifax, N.S.

Canada B3J 2C3

Phone: (902) 422-2504

Web site: www.drala.ca

e-mail: drala@eastlink.ca

薩姜・米龐仁波切是那洛巴大學的承繼者；那洛巴大學是北美洲第一所經鑑定認可、受佛教啓發所創建的大學。詢問更多資訊，請洽：

那洛巴大學 Naropa University

2130 Arapahoe Avenue
Boulder, CO 80302
Phone: (800) 772-6951
Web site: www.naropa.edu

關於薩姜・米龐仁波切的完整資料，包括一系列特經選列的開示，有關他傳法活動的行程表，還有他即將出版的詩歌音樂CD/DVD，與他的法照，請參閱他的網頁：www.mipham.com

欲請購薩姜米龐仁波切的教授和講習會之影音拷貝，請洽：

卡拉帕錄音中心 Kalapa Recordings

1678 Barrington Street, 2nd floor
Halifax, N. S.
Canada B3J 2A2
Phone: (902) 421-1550
Fax: (902) 423-2750
Web site: www.shambhalashop.com
e-mail: shop@shambhala.org

《香巴拉大日》是由邱陽‧創巴仁波切所創，目前由薩姜‧米龐仁波切所指導的佛教雙月刊，他的教授經常刊印於此。訂閱或試閱，請洽：

香巴拉大日 Shambhala Sun

P. O. Box 3377

Champlain, NY 12919-9871

Phone: (877) 786-1950

Web site: www.shambhalasun.com

《佛法》是修行者的季刊，一年發行四期。刊載佛教各傳統之深層教授與修行指南。訂閱或試閱，請洽：

佛法 Buddhadharma

P. O. Box 3377

Champlain, NY 12919-9871

Phone: (877) 786-1950

Web site: www.thebuddhadharma.com

統御 你的世界

銘謝

我願呈獻我的尊敬和愛意，給龍‧薩姜（Druk Sakyong）——我的父親邱陽‧創巴仁波切；他個人展現了這本書中所描述的各種品質，並且以充分的勇氣，宣說出「本初善」、「慈悲」、「智慧」，促使為數眾多的人們，不再垂頭喪氣，而能抬高其視線，見到東方大日，為眾人的生命帶來真正的喜悅歡欣。也同時呈獻我的母親，昆秋‧巴登夫人（Lady Kunchok Palden），為她對我的一切事業的關愛支持，與熱心參與。

我還要對堪布南卓（Khenpo Namdrol）、喇嘛裴久（Lama Pegyal）、喇嘛卻南（Lama Chönam），堪布嘎旺（Khenpo Gawang）的智慧和友誼深致謝意；我特別要感激堪布嘎旺的熱忱、鼓勵、與其可驚的洞察力。

我要向摩根道路書籍出版（Morgan Road Books）的艾美‧赫茲（Amy Hertz）女士表達我的敬慕與讚美，感謝她對我本人及其他許多人的護持，將智慧傳播於世。也謝謝該社馬克‧海靈覺（Mark Haeringer）先生的嚴謹精細和奉獻精神；及我的出版代理，力德‧波茲（Reid Boates）先生與我之間吉祥的晤面，和其後持續不斷的友誼。

我要向以下諸位先生、女士的慷慨深致謝忱：馬克‧布特（Mark Butler）、珍‧卡本特‧孔恩（Jane Carpenter Cohn）、

傑夫‧孔恩（Jeff Cohn）、卡賽爾‧葛羅斯（Cassell Gross）、卡爾‧葛羅斯（Karl Gross）、詹姆斯‧侯格蘭（James Hoagland）、莎朗‧侯格蘭（Sharon Hoagland）、傑夫‧沃卻（Jeff Waltcher），以及香巴拉山脈中心的所有職員，與班‧韋伯斯特先生（Ben Webster）。

除此之外，也非常感謝下列諸位的多方支持，和他們的友誼：理查‧雷奧克（Richard Reoch）、大衛‧布朗（David Brown）、黛納‧布朗（Dinah Brown）、奧雅‧肯內帕（Allya Canepa）、黛安那‧雀取（Diana Church）、邁克‧佛朗（Michael Fraund）、麥特‧哈雷（Matt Harris）、凱文‧侯格蘭（Kevin Hoagland）、亞當‧羅貝爾（Adam Lobel）、奕恩‧馬克拉夫林（Ian McLaughlin）、班‧馬爪諾（Ben Medrano）、彼得‧麥寧（Peter Meinig）、喬恩‧普雷特（Jon Pratt）、喬斯汀‧羅本斯（Justin Robbins）、馬文‧羅賓森（Marvin Robinson）、約翰‧洛克威爾（John Rockwell）、史帝分‧羅特（Stephan Rother）、大衛‧賽爾（David Sell）、約翰‧賽爾（John Sell）、喬許‧司爾伯斯坦（Josh Silberstein）、尼克‧昭日（Nick Trautz）、邁克‧外司（Michael Weiss），和丹尼司‧旺取（Denise Wuensch）。

我尤其要感謝艾蜜莉‧希本‧賽爾（Emily Hilburn Sell）女士，她奉獻她的生命，盡心竭力編輯膽寫，致使這本書的產生。與她一起工作是極大的喜悅；因為如此，這些珍貴的教法，方能被帶到世間。

統御
你的世界

善生系列 JB0032

統御你的世界

作者	薩姜‧米龐仁波切 （SAKYONG MIPHAM）	
譯者	蔡雅琴	
封面設計	www.butterlampdesign.com	
內頁版型	歐陽碧智	
總編輯	張嘉芳	
編輯	游璧如	
業務	顏宏紋	
出版	橡樹林文化	

城邦文化事業股份有限公司

台北市民生東路二段141號5樓

電話：(02)25007696　傳眞：(02)25001951

發行　英屬蓋曼群島商家庭傳媒股份有限公司城邦分公司

客服服務專線：(02)25007718；(02)25001991

24小時傳眞專線：(02)25001990；25001991

服務時間：週一至週五上午09:30-12:00；下午13:30-17:00

劃撥帳號：19863813；戶名：書虫股份有限公司

讀者服務信箱：service@readingclub.com.tw

香港發行所　城邦（香港）出版集團有限公司

香港灣仔駱克道193號東超商業中心1樓

電話：(852) 25086231　傳眞：(852) 25789337

E-mail：hkcite@biznetvigator.com

馬新發行所　城邦（馬新）出版集團【Cité (M) Sdn. Bhd. (458372U) 】

41, Jalan Radin Anum, Bandar Baru Sri Petaling,

57000 Kuala Lumpur, Malaysia.

電話：(603)90578822　傳眞：(603)90576622

E-mail：cite@cite.com.my

國家圖書館出版品預行編目資料

統御你的世界 / 薩姜‧米龐（Sakyong Mipham）
著：蔡雅琴譯. --初版--臺北市：橡樹林文化出
版：家庭傳媒城邦分公司發行, 2006 [民95]
面：公分 --（善知識系列；JB0032）
譯自：Ruling your world：Ancient Strategies
For Modern Life
ISBN 978-986-7884-59-6（平裝）

1. 藏傳佛教－修持

226.966　　　　　　　　　　95017827

初版一刷　　2006年10月

初版二刷　　2018年3月

ISBN-13：978-986-7884-59-76

ISBN-10：986-7884-59-0

定價：240元

版權所有‧翻印必究（Printed in Taiwan）

缺頁或破損請寄回更換